RÉPUBLIQUE & MONARCHIE

ÉTUDE PRATIQUE

D'ÉCONOMIE SOCIALE

PAR

J.-P. MAZAROZ

MANUFACTURIER A PARIS

A PARIS, CHEZ L'AUTEUR

94, BOULEVARD RICHARD-LENOIR, 94

—

13 *Octobre* 1885

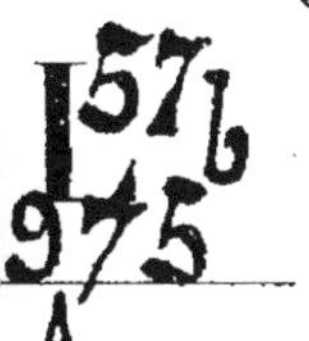

RÉPUBLIQUE ET MONARCHIE

ÉTUDE PRATIQUE

D'ÉCONOMIE SOCIALE

PAR

J.-P. MAZAROZ

MAITRE MENUISIER A PARIS

DEUXIÈME ÉDITION

A PARIS, CHEZ L'AUTEUR

94, BOULEVARD RICHARD-LENOIR, 94

13 Octobre 1885

INDEX

RÉPUBLIQUE ET MONARCHIE

PRÉFACE

Le monde politique parle généralement de socialisme dans les moments d'élection ; l'on comprend enfin que socialisme signifie **organisation sociale** et que rien n'est sage et honnête comme de penser à organiser les intérêts sociaux.

Les hommes politiques sont arrivés à comprendre que l'organisation sociale est la seule perspective qui intéresse réellement les classes laborieuses, et qu'elles l'attendent comme le nouveau et définitif Messie ; — mais pour que le socialisme soit pratique il faut que :

1° La direction professionnelle des intérêts producteurs appartienne aux travailleurs, patrons et ouvriers, organisés par la loi sur les syndicats ;

2º La garde des richesses publiques appartienne à la classe fortunée par le pouvoir exécutif.

Un gouvernement politique sans organisation des intérêts à sa base ne peut être que despotique ; c'est pour ce motif qu'un savant doublé d'un honnête homme, M. Élisée Reclus, a publié un manifeste électoral daté de Clarens (*Suisse*) le 26 septembre 1885 dans le cours duquel il conseille aux électeurs parisiens de s'abstenir de voter aux élections d'octobre.

Au point de vue auquel il se place dans ce manifeste, M. Élisée Reclus a parfaitement raison ; voici sa conclusion :

« *L'atmosphère de ces corps législatifs est* « *malsaine à respirer ; vous envoyez vos manda-* « *taires dans un milieu de corruption ; ne vous* « *étonnez pas qu'ils en sortent corrompus.*

« *N'abdiquez donc pas, ne remettez pas vos* « *destinées à des hommes forcément incapables* « *et à des traîtres futurs. — Ne votez pas, agissez,* « *défendez-vous vous-même : les occasions ne man-* « *quent pas aux hommes de bon vouloir.* »

*
*   *

Étant donnée la loi sur les syndicats professionnels de mars 1884 qui permet socialement l'action populaire pacifique, je déclare que les paroles ci-dessus renferment la quintessence du plus pur socialisme.

Et pourtant, je suis loin de conseiller l'abstention du vote comme M. Élisée Reclus, parce que je crois que le progrès ne peut venir que du haut, de par la même loi naturelle qui veut que la fécondation des territoires soit due exclusivement au soleil, à la pluie, qui viennent du ciel.

M. Élisée Reclus me paraît croire faussement que les institutions du progrès peuvent venir du bas de la société.

Voici, par opposition avec le manifeste de Clarens, ma profession de foi sur la direction que l'on doit donner à l'action sociale.

PROFESSION DE FOI

Puisque nous sommes sous l'influence d'une constitution politique, il faut agir politiquement tout d'abord, et, s'il s'agit forcément d'avoir un gouvernement politicien, je préfère de beaucoup les conservateurs aux radicaux pour occuper le pouvoir, parce que les premiers sont responsables au moyen de ce qu'ils possèdent, et que 95 sur 100 des seconds arrivent aux affaires sans posséder aucune responsabilité.

De plus, l'intérêt évident des radicaux au pouvoir est de s'opposer, le plus possible, à ce que les ouvriers acquièrent aucune voix délibérative dans les affaires publiques, par le travail organisé, comme la loi sur les syndicats professionnels le leur permet; parce qu'alors, les groupes de travailleurs ayant un contrôle collectif sur l'administration des impôts qu'ils payent comme les patrons et propriétaires, faudrait tôt ou tard restreindre les gaspillages et compter avec les contribuables.

Ce qui n'existe absolument pas aujourd'hui.

Bien au contraire, l'intérêt des conservateurs repose dans la meilleure gestion possible des deniers publics; c'est ce qui explique que l'on a jugé en cour d'assises le ministre Teste et le général Despans-Cubières, sous la monarchie de Juillet, au sujet d'un détournement des deniers publics de soixante mille francs environ; tandis qu'aujourd'hui l'on ne poursuit personne pour les centaines de millions publiquement, ainsi que pour les milliards de déficit gâchés que nous ont donnés dix ans de radicalisme gouvernemental.

En résumé, la France paye annuellement trois milliards de plus d'impôts d'Etat de toute nature que sous la monarchie de Juillet sans compter les gros emprunts et le déficit.

Cela veut dire que : — jamais le gaspillage des deniers publics par les guerres lointaines, les spéculations financières, les remises et pots-de-vin, etc., qui ont enfanté la terrible crise agricole et industrielle dont la France meurt à petit feu depuis quatre ans, ne seront arrêtés ni peu ni beaucoup sans une organisation syndicale du travail et des intérêts établie officiellement, si les vrais conservateurs n'arrivent pas en majorité au gouvernement, parce qu'eux seuls ont intérêt à doter les populations laborieuses de ce grand bienfait.

C'est donc une nouvelle alliance qu'il faut conclure entre la classe élevée et les deux autres classes sociales de la France, afin d'établir :

1° La République professionnelle dans les classes laborieuses par de nouveaux corps d'arts et métiers, perfectionnés dans l'esprit des temps modernes ;

2° La Monarchie à la fois héréditaire et élective parmi tous les membres d'une famille patriarcale, afin de donner confiance à ceux qui possèdent, ainsi que pour amener l'honnêteté dans les rouages du fonctionnement du pouvoir exécutif.

Sans que jamais le pouvoir du haut puisse détruire l'administration officielle des intérêts producteurs du bas de la société, — et vice versa.

Mes correspondances avec les membres des syndicats professionnels de toute la France m'ont démontré, depuis dix ans, que c'est bien là le système de gouvernement républicain désiré par les ouvriers laborieux des villes et des campagnes.

Malheureusement, les ouvriers sont encore inconscients, ils prennent le change sous l'influence des mensonges politiciens, en pensant à tort que la République des successeurs des polichinelles de 1848, comme l'amiral Courbet a si bien nommé les radicaux de tous les plans, doit nous doter d'une organisation quelconque du travail.

On voit que les malheureux travailleurs français prennent le mot *République* pour la *chose publique* elle-même.

C'est pour éclairer les électeurs sur ce malentendu presque général, que je vais expliquer ci-après par l'histoire, les faits et la science, la véritable signification des mots **République** et **Monarchie**, au double point de vue théorique et pratique.

A propos du respect officiel qu'auront l'un pour l'autre la République professionnelle et la Monarchie patriarcale, il faut dire que :

L'organisation actuelle a transformé notre armée en une immense phalange populaire ; si bien qu'elle ménage, dans l'avenir, de grandes surprises aux révolutionnaires du haut et du bas de la société, dont le coup d'État manqué des hommes du 16 mai ne doit compter que pour un pâle exemple.

RÉPUBLIQUE ET MONARCHIE

PREMIÈRE PARTIE

EXPOSÉ

Les luttes politiques et les révolutions qui se succè-
dent périodiquement depuis 1791, c'est-à-dire depuis
les six siècles de paix sociale qui séparent le règne de
Louis IX de la grande Révolution, viennent :

1º De ce que les quatre gouvernements monarchiques
de cette courte période ont été privés de leur base indispensable, qui est la **République syndicale** organisée entre les patrons et ouvriers de l'agriculture et de
l'industrie :

2º De ce que les gouvernants des trois Républiques
de 1848, 1870 et 1875, ont occupé le pouvoir au profit exclusif de leurs frères et amis, au lieu de constituer, à la base sociale, le lien large et solide de toutes
les relations du peuple des producteurs de chacun des
plans du travail national.

Les républiques politiciennes se décorent donc d'un titre ayant les sympathies populaires ; mais elles constituent **l'antithèse** des qualités pratiques que les classes laborieuses attachent au mot **République.**

Dans une réunion privée l'on m'a demandé : « *Pourquoi les monarchies et les républiques du XIXe siècle n'avaient donné que des résultats sociaux mauvais ou imparfaits.* »
J'ai répondu :

« Afin de ne pas être forcé de faire ici un cours complet d'histoire sociale, je suis obligé de vous présenter une comparaison peut-être un peu triviale, mais qui aura exclusivement l'avantage de bien faire comprendre ma réponse en peu de mots.

« Une ancienne lithographie du *Charivari* nous montre un dîneur refusant une soupe au garçon d'un restaurant, en lui disant:

« *Personne mieux que moi n'apprécie et n'estime de beaux cheveux sur la tête d'une jolie femme, mais je les déteste sur les potages, et le vôtre possède cet inconvénient.*

« Pour la République des sectes mon raisonnement « est absolument le même, en principe, que celui de ce « dîneur ; voici mon dire à ce sujet :

« *Personne mieux que moi n'apprécie une vraie ré-*

« *publique, réglant syndicalement les relations d'inté-*
« *rêts agricoles, civils, commerciaux et industriels à*
« *la base d'une société, aidée en cela par la magis-*
« *trature dotée des jurys civils et criminels ; — Mais*
« *les gaspillages politiciens, décorés du titre de* **Ré-**
« **publique gouvernementale** *pour mieux exploiter*
« *à fond les populations, me représentent des che-*
« *veux ayant traîné partout, puis que l'on a réussi,*
« *grâce aux conspirations électorales, à déposer sur*
« *le potage d'une société.*

« Nos trois Républiques modernes ont donc donné
« de mauvais résultats parce que, je le répète, les
« exploiteurs les ont installées à la tête de l'Etat au
« moyen de la Révolution, au lieu de les laisser en
« être la base syndicale.

« Quant aux trois genres de Monarchies dont la
« grande Révolution a doté successivement la France,
« leurs résultats ont tous été mauvais ou imparfaits
« parce que, comme je viens de le dire, elles sont
« restées politiciennes ; — c'est-à-dire qu'elles ont omis
« de se doter du piédestal de toute bonne monarchie,
« qui est « *la République syndicale* », base de l'ancien
« régime, de la première république Florentine, de la
« monarchie Romaine, des monarchies Pélasgiques
« créées en Grèce par Hercule et continuées par
« Hellen-Bacchus ; enfin, la république syndicale fut
« la base unique de toutes les monarchies patriarcales
« de l'âge d'or.

« Aussi, l'on peut dire d'un peuple qui laisse admi-

« nistrer les intérêts de son ménage social par les sec-
« tes politiques : — *qu'il attache ses chiens avec ses sau-*
« *cisses.* »

Ma réponse eut un succès d'estime complet, et je désire bien vivement qu'il en soit de même dans la classe
supérieure de la société française, car c'est de sa vo-
lonté que dépend le salut de notre pays si éprouvé.

Néanmoins, des explications historiques me furent
demandées par l'assemblée ; mais je sollicitai un délai
pour les formuler ; — voici le manuscrit que j'ai lu une
quinzaine de jours après aux mêmes assistants convo-
qués à cet effet.

EXPLICATIONS HISTORIQUES SUR LE MARIAGE

DES PRINCIPES

MONARCHIQUES & RÉPUBLICAINS

EXPOSÉ

Les intérêts populaires restent **libres**, c'est-à-dire
qu'ils ne sont comptés pour rien dans les révolutions
politiques, où le mot d'ordre des chefs de parti est :

« **Ote-toi de là que je m'y mette :** » Afin de jouir
librement à mon tour d'une part des impôts.

C'est là l'esprit pratique de la République des sectes ;
bien au contraire :

La République syndicale règle et protège les intérêts communaux par la mutualité, ainsi que ceux de toutes les branches du travail à la base des sociétés.

Puis, la Monarchie patriarcale, c'est-à-dire à la fois héréditaire et élective doit constituer le pouvoir exécutif des Etats, au moyen du principe politique, représentant ainsi la classe supérieure de toutes les sociétés, dont les membres sont sortis et sortent tous les jours des deux autres classes sociales, de par la même loi naturelle qui fait que les patrons ont presque tous été des ouvriers plus laborieux, plus savants ou plus rangés que les autres.

Lorsque les moyens de faire fortune sont différents de ceux ci-dessus dans un pays quelconque, ce pays est sur la pente de la décadence complète, s'il ne revient pas assez tôt aux principes de société exposés dans cet ouvrage.

C'est par ce genre de pratiques sociales et gouvernementales, que chaque citoyen est appelé à administrer les intérêts publics dans la mesure exacte de ceux qu'il possède dans la société par son travail, sa force, sa naissance ou ses talents.

Toutes les prospérités connues sont peu à peu le partage d'un peuple qui a le bonheur d'être ainsi organisé par ses classes dirigeantes, car jamais les peuples ne se sont organisés socialement eux-mêmes.

De plus, la division des intérêts producteurs est tellement forte sous la République politicienne, que l'émancipation du peuple par le peuple y est impossible.

1°

LE GRAND PARDON

Comme on le voit par cette épigraphe ainsi que dans la Bible, le grand pardon de Moïse est l'anniversaire de la fondation de la République professionnelle à la base de la société hébraïque, et de la Monarchie à son sommet; cette dernière était représentée par Moïse, sa famille et la classe aisée d'Israël.

Tous les orientalistes disent que Moïse a organisé une espèce de République Monarchique qui a fait la fortune des Hébreux :

Lorsque Moïse eut décidé la classe supérieure de son peuple à doter ses classes laborieuses de **la manne** sociale, c'est-à-dire de les organiser pour jouir des produits journaliers de leur **travail manuel**, ce grand législateur considéra que la classe aisée de son peuple avait **pardonné** aux classes déshéritées d'Israël.

Alors, il organisa les tribus de Lévi et de Juda pour défendre politiquement, par les armes et la loi, les droits et devoirs du peuple Hébreu sous les ordres de la classe aisée; puis, les dix autres tribus constituèrent les dix groupes professionnels, avec le pavillon d'assignation pour concilier les différends du travail, et le tabernacle pour représenter les institutions mutuelles.

Le tout couronné par l'arche sainte, qui représentait l'**alliance** des classes hautes, moyennes et basses de la société hébraïque, constituées au moyen du mariage des principes républicains et monarchiques.

L'organisation sociale hébraïque fut longue à se compléter, et ce n'est que grâce au grand âge auquel il est arrivé que Moïse put l'accomplir entièrement; — ce patriarche inscrivit toute cette organisation dans un **livre des Rois,** que les sectes politiques qui se levèrent après sa mort se hâtèrent de brûler.

Mais, quelques-unes des recommandations que fit Moïse à son peuple relativement à cet état social perfectionné, nous ont heureusement été conservées; voici un de leurs résumés des plus explicatifs :

« *Or, il arrivera que si tu obéis à la voix de*
« *l'Éternel ton Dieu, et que tu prennes garde à*
« *faire tous ses commandements que je te prescris*
« *aujourd'hui, tu auras un rang élevé au-dessus de*
« *toutes les nations de la terre qui ne seront pas*
« *organisées comme toi.*

« *Tu seras béni dans tes villes, tu seras béni dans*
« *tes champs.*

« *Tu seras béni à ton entrée dans le monde et*
« *aussi à ta sortie.*

« *L'esprit éternel des lois de la nature te mettra à*
« *la tête des peuples et non point à leur queue, tant*

« *que tu obéiras aux commandements de cet éternel*
« *ton Dieu;*

« *Et que tu ne te détourneras ni à **droite** ni à*
« ***gauche** d'aucune des paroles que je te commande*
« *aujourd'hui* (1). »

(Deutéronome, chap. XXVIII, versets 1, 3, 6, 13 et 14.)

*
* *

Le mariage des principes gouvernementaux monarchiques et républicains de Moïse constitue le seul état social que la France désire; aussi, le premier parti politique qui promettra solennellement de l'organiser, fera passer constamment ses candidats à d'immenses majorités par le suffrage universel.

Alors, le catholicisme établira la fête de la nouvelle alliance et du nouveau grand *pardon social*, dans leur esprit et dans leur vérité. — Le catholicisme agira ainsi parce que le Christ, son chef, est le successeur du père des idées sociales modernes du mariage des classes; Jésus a été désigné comme tel, en ces termes, par Moïse lui-même :

« *L'éternel ton Dieu te suscitera un prophète*
« *comme moi, d'entre tes frères ; vous l'écouterez.* »

(Deutéronome, chap. XVIII, verset 15.)

---

1. Droite et Gauche indiquent ici les partis extrêmes de la politique, toujours en luttes. — luttes dont les populations laborieuses doivent se défier d'après cette parole de Moïse.

Par héritage et comme toutes ses doctrines le démontrent, le Christ fut le continuateur des idées du socialisme gouvernemental de Moïse; voici deux de ses paroles suivies d'un fait historique qui ne laissent aucun doute à ce sujet :

1º Le Christ disait à tout propos que **son royaume** n'était pas du monde des Juifs de son temps.

2º Jésus voulait constamment réorganiser les corporations professionnelles mosaïques; mais les scribes et pharisiens qui étaient les radicaux et opportunistes au pouvoir de son époque, ont toujours victorieusement contre-carré ses projets; si bien que, dans un jour de désespoir, l'ouvrier de Nazareth apostropha ainsi la capitale politicienne de son pays :

« Jérusalem, Jérusalem, qui tues les prophètes et
« qui lapides ceux qui te sont envoyés, combien de
« fois ai-je voulu rassembler tes enfants comme
« une poule rassemble ses poussins sous ses ailes, et
« vous ne l'avez pas voulu ? »

(Saint Matthieu, chap. XXIII, verset 37.)

En définitive, l'alliance de Moïse, puis le royaume du Christ, représentent exactement le mariage des principes républicains et monarchiques.

De même que Moïse, le Christ a souvent indiqué le bien-être des populations sous le règne du mariage de là République avec le Royaume patriarcal, et entre autres par ces mots :

« Mais cherchez premièrement le royaume de

« *Dieu et sa justice, et tous les besoins de la vie*
« *vous seront donnés par-dessus.* »

(Saint Matthieu, chap. VI, verset 33.)

*
* *

Arrivons au fait historique :

Les hommes ne sont pas encore revenus au « *mariage de la République avec le Royaume de Dieu* », base
pratique de toutes les doctrines de Moïse et du Christ,
mais beaucoup y croient ; exemple :

Dans une séance de l'Assemblée législative de 1849
le pasteur Coquerel, député alors, déclara à la fin de
l'un de ses discours que : « **Le Christ était le plus
illustre des vrais Républicains** » ; — mais Dupin
l'aîné qui présidait cette séance, interpella ainsi cet
orateur : « *Voyons, monsieur Coquerel, vous n'arriverez
jamais à faire croire que le Christ a dit* : **Ma République
n'est pas de ce monde.** »

Coquerel et Dupin l'aîné avaient raison tous les
deux, on vient de le constater par ce qui précède ; mais
le pasteur Coquerel, qui ne connaissait que la théorie
des Evangiles et point leur mise en pratique, ne sut que
répondre, et le mot de la fin resta ce jour-là, comme
toujours, au goguenard président Dupin.

Mes quarante volumes et brochures expliquent la
religion sociale de Moïse et du Christ sous toutes leurs
faces ; mais, pour relater le mieux possible et très

brièvement l'esprit de la marche en avant de la renaissance de ce système perfectionné de société (*depuis le
Christ jusqu'à nos jours*), voici le texte d'une lettre
que j'ai reçue d'un honnête et intelligent promoteur de
la réorganisation corporative du travail français, ainsi
que ma réponse :

« Paris, 19 février 1884.

« Monsieur,

« Je vous remercie de l'envoi que vous m'avez fait
« de vos deux dernières brochures : il y a déjà long-
« temps que je suis vos travaux et j'admire votre mer-
« veilleuse fécondité.

« Je suis de votre avis et je cherche à mettre ma foi
« en pratique, mais l'on ne nous écoute pas ; je vois
« notamment dans un rapport ouvrier, présenté à la
« fameuse commission des 44, cette phrase significa-
« tive sur la réorganisation des corps d'arts et métiers :

« *Les ouvriers comprennent et repoussent toutes ces
« anomalies d'autrefois ; au fur et à mesure que leur
« instruction se développe,* **ils deviennent amou-
« reux passionnés de la liberté individuelle.** »

« Nous avons donc beau prédire le déluge et montrer
« l'arche du salut, si personne ne veut s'enfermer avec
« nous dans cette arche, nous risquons fort de voguer
« toujours seuls.

« Par vos relations patronales et ouvrières ainsi
« que par vos études, vous devez, mieux que personne,
« vous rendre compte de l'état général des esprits, et
« je suis bien aise de vous signaler cette préoccupation

« pour avoir votre sentiment à cet égard, car ce n'est
« pas tout que d'avoir des notions exactes sur le mal et
« sur le traitement, encore faut-il que la grande malade,
« qui est la société où nous vivons, veuille prendre le
« remède.

    « Veuillez agréer, etc. »

    Voici la substance de ce que j'ai répondu à mon
sympathique correspondant :

    « Monsieur,

    « Votre lettre du 19 présente bien la situation exacte
de l'opinion apparente des syndicats ouvriers ; je dis
que les opinions que vous me signalez ne sont qu'ap-
parentes, car je sais positivement que les plus im-
portants rapports des syndicats ouvriers sont rédigés
par des politiciens qui dirigent la marche de leurs
réunions de Paris d'une façon à peu près occulte, au
moyen des ouvriers qui ne travaillent pas et qui sont
les aboyeurs rétribués des réunions électorales.

    « Voici une preuve que les ouvriers laborieux sont,
au fond, absolument de notre avis :

    « Il m'arrive quelquefois, lorsque j'ai l'honneur
d'exposer nos théories sociales dans une réunion
patronale et ouvrière, ou bien dans une réunion privée,
qu'un des assistants me réponde à peu près ceci :

    « *De même que les fleuves ne peuvent pas re-*
« *monter à leurs sources, les peuples ne doivent pas*
« *retourner en arrière ; l'organisation sociale que*
« *vous nous exposez est très logique, mais comme*

« elle a déjà existé, elle ne peut pas revenir ; croyez-
« moi, tenons-nous-en à la République politique
« que nous avons. »

« J'ai commencé à ne pas prendre ces banalités au
sérieux ; puis, comme elles se répétaient, j'ai profité
d'une grande réunion ouvrière où elles m'ont encore
été opposées, pour détruire leur apparence raisonnable
par l'explication suivante :

« Tout d'abord je pose en fait que, contrairement
au dire du précédent orateur, les fleuves et les rivières
ont remonté, remontent et remonteront toujours à
leurs sources ; c'est là leur principale occupation et la
réincarnation qui leur est propre.

« En effet, les rivières se jettent dans les fleuves et
les fleuves se jettent dans la mer ; arrivés là, l'atmosphère et le soleil pompent perpétuellement les eaux
des mers en les changeant en vapeurs et nuées, lesquelles, poussées par les vents et transformées à leur
tour par les détonations électriques de leur gaz hydro-
gène, viennent tomber en pluies sur les continents pour
féconder les territoires agricoles, rafraîchir l'air respi-
rable et alimenter les sources des ruisseaux, rivières et
fleuves de toute la terre.

« Il est donc oiseux et même tout à fait politicien
de dire que les fleuves et rivières ne remontent pas à
leurs sources.

« **Le passé est l'éternel modèle de l'avenir.**

« Aussi, le préopinant devrait contester par des faits

la vérité de cet axiome, avant de poser ce raisonnement barbare qui consiste à prétendre que :

« *Tout ce qui s'organise dans les sociétés doit être inédit, c'est-à-dire absolument nouveau.* »

« Si j'ai bien compris, mon contradicteur est un partisan aveugle des Républiques politiciennes à la tête des sociétés, puis, il est l'ennemi apparent de la République professionnelle à la base de l'état social.

« Or, les républiques politiques sont vieilles comme le monde ; sans parler de celles brahmaniques, nous avons eu les républiques grecques, celle du Pharisaïsme hébreu, les républiques italiennes du Moyen Age et de la Renaissance, la république romaine et celles de 1792, 1848, 1870 et 1875.

« Aussi, je demande pourquoi mon contradicteur trouve bon de revenir au passé à propos du radicalisme qui nous gouverne, et qu'il trouve mauvais de s'inspirer du passé pour établir une République professionnelle dans l'esprit moderne ?

« La réfutation à laquelle je viens de répondre brièvement n'a donc rien de sérieux.

« Eh bien, le croiriez-vous, Monsieur, toute l'assemblée a ri d'abord, mais elle a applaudi ensuite sans réserves mon explication, y compris mon contradicteur qui a fini par être entraîné comme les autres.

« Le peuple français tout entier applaudira de même lorsque les conservateurs lui auront expliqué qu'ils veulent l'état social esquissé dans cette brochure.

« Veuillez agréer, etc.

Signé : J.-P MAZAROZ. »

2o

LE CATHOLICISME SOCIAL

Les ouvriers français sont tous arrivés peu à peu à avoir foi dans les moyens pratiques des doctrines sociales de Moïse et du Christ, que j'explique et publie plus spécialement depuis treize ans dans mes ouvrages socialistes, et que je viens de résumer ci-dessus.

D'un autre côté, voici le programme économique que j'extrais du journal « *La Corporation* » en date du 26 septembre 1885 :

LE PROGRAMME CONSERVATEUR

« *Opposer à la déclaration des droits de l'homme,*
« *qui a servi de base à la Révolution, la procla-*
« *mation des Droits de Dieu, qui doit être le fon-*
« *dement de la contre-Révolution, voilà le prin-*
« *cipe; — revendiquer au nom de Jésus-Christ la*
« *réforme de la législation sociale, la justice*
« *pour le peuple et la protection des petits et des*
« *faibles, voilà le but; — s'établir fortement dans*
« *cette position, dût-on être d'abord peu nombreux*
« *pour l'occuper, voilà le moyen.*

« *Voici les principaux points sur lesquels il*
« *nous paraît que doivent se porter nos revendica-*
« *tions actuelles :*

« 1° *Une organisation légale des corps de mé-*
« *tiers et des divers genres d'industrie, afin de*
« *reconstituer les familles professionnelles et de*
« *préparer la représentation efficace de toutes*
« *les classes de la société ;*

« 2° *La création de caisses corporatives obliga-*
« *toires de prévoyance pour garantir l'ouvrier con-*
« *tre les accidents, la maladie, le chômage, et lui*
« *assurer une retraite pendant la vieillesse.* »

Il est bon de noter que :

1° Ce programme du catholicisme est le résumé exact des études économiques contenues dans mes quarante volumes et brochures.

2° Le mot **Dieu,** qui veut dire **tout le monde** dans chacune des langues antiques, ne peut signifier, dans le programme ci-dessus, que le régime social de tous par tous qui est, dans la pratique, **la République professionnelle,** base exclusive de l'ancien régime dans les villes et bourgs.

Il n'est nullement étonnant que le catholicisme se mette à la tête du socialisme, c'est son droit autant que son devoir, parce que travail veut dire religion, et religion signifie **relier au créateur,** c'est-à-dire à l'ouvrier universel.

« **Travailler, c'est prier,** » dit un vieil axiome cosmogonique ; — par conséquent, ne pas aider la prière de la nature, qui est le travail, c'est pécher ; — les peuples comprennent si bien cela que : — c'est seulement de la suppression des corps d'arts et métiers, en 1791, que date l'indifférence de beaucoup de personnes en matière de religion ; — mais cela changera du tout au tout, lorsque la religion aura **aidé à relier** les classes sociales entre elles ; en effet :

Eglise signifie *réunion*, ou plutôt, état social des professions ; une fois fondées, les réunions syndicales appelleront à elles toutes les populations laborieuses ; la vérité absolue de cette explication existe en ce que, dans la langue grecque, **Eglise** veut dire littéralement, *appeler à soi*.

Religion sociale du Christ est donc bien le deuxième titre qui conviendra au catholicisme, lorsque la République professionnelle sera réorganisée à la base de la société française.

Le Christ symbolisait le peuple entier des travailleurs laborieux dans la personne de Pierre, lorsqu'il lui disait devant ses autres disciples :

« *Tu es Pierre et sur cette pierre je bâtirai mon*
« *Église, et les portes de l'enfer ne prévaudront plus*
« *contre elle, lorsque son organisation entière sera faite.* »

L'enfer que le Christ visait ici était les déprédations politiciennes, qui enfantent les misères populaires et la bataille générale des intérêts entre les travailleurs, patrons et ouvriers.

Les églises du catholicisme seront naturellement, sous l'organisation syndicale, les lieux de réunions mutuelles des commissions et confréries corporatives de leur ressort.

3°

MONARCHIE PATRIARCALE

Comme il vient d'être démontré :

Le royaume du Christ était la Monarchie patriarcale de l'âge d'or, c'est-à-dire celle qui est à la fois héréditaire et élective, de même que son « **règne de la Justice** » était la République professionnelle.

Le choix d'un nouveau chef du pouvoir exécutif parmi tous les membres de la famille patriarcale, par les notables de la nation délégués de ses groupes professionnels, pour succéder au monarque décédé, était une coutume traditionnelle des temps védiques ; elle représente une garantie de premier ordre lorsque certains aînés sont défavorisés matériellement ou moralement par la nature.

De plus, cette coutume évitait l'orgueil que quelques Princes ont quand ils sont sûrs de succéder au trône ; puis, elle entretenait une émulation salutaire entre tous les membres de la famille patriarcale, car le droit du choix était entier pour le **convent** (1) de la nation, sans distinction d'âge ou de rang.

Cela représente une coutume qui est le véritable appel au peuple ; elle a été conservée en partie dans quelques monarchies orientales.

---

1. CONVENT était le nom des chambres de députés aux temps védiques ; il est encore le titre des chambres de députés maçonniques ; — ce même nom, un peu corrompu par la tradition, a été choisi dans les premiers temps du catholicisme pour indiquer les lieux où habitaient les membres du clergé, nommés alors par les populations.

Cette pensée de haute prudence a pour complément le droit de tester relativement à la fortune des familles; et cela, pour une partie du patrimoine, afin de laisser un avoir suffisant pour outils de travail, aux héritiers jugés moins capables d'être utiles au pays par les pères de famille.

Avant d'avoir étudié complètement les coutumes de l'âge d'or, que toutes les religions nous ont transmises plus ou moins, j'étais opposé à çe droit; mais sous un état social qui ne comportera plus de malheureux, comme la République professionnelle, ce droit constituera une garantie contre les dissipateurs, relativement auxquels nous n'avons que le moyen malhonnête des conseils judiciaires.

Si bien que pour les bons juges en pareille matière, le droit de tester paraît, aujourd'hui, un diamant qui se détache en vive lumière sur toutes les autres docrines de l'économiste Le Play.

4°

SUR L'ÉTAT SOCIAL

PROFESSIONNEL

1° *L'instruction primaire et professionnelle ;*

2° *La paix des relations par les tarifs comparatifs de la valeur de toute chose ;*

3° *La conciliation des différends et le jury civil et criminel ;*

4° *Les caisses mutuelles pour la garantie du lendemain de chacun ;*

5° *Le crédit à bon marché par tous et pour tous selon la responsabilité des citoyens ;*

Sont les cinq institutions basiques et obligatoires à un peuple qui veut s'émanciper.

La liberté, mise à la place de l'obligation pour la jouissance de ces droits et devoirs nécessaires, corrompt et perd peu à peu toutes les sociétés depuis que le monde de l'individualisme est monde.

Cela a toujours eu lieu ainsi, parce que, l'accomplissement de ces devoirs est journellement détourné par les soucis, les passions et les besoins de la vie, puis ajourné et abandonné au hasard.

En effet, l'homme est **remetteur** *par essence, et si les lois universelles ne l'obligeaient pas à travailler et à se vêtir, il abandonnerait peu à peu ces deux devoirs que la nature a fort heureusement transformés en besoins urgents pour lui.*

L'obligation collective doit intervenir partout où la nature cesse d'imposer les devoirs ; mais il faut toujours démontrer aux hommes la nécessité pour eux de respecter l'esprit des lois universelles.

L'union des classes sociales *peut seule accomplir ces résultats rédempteurs.*

RÉPUBLIQUE ET MONARCHIE

DEUXIÈME PARTIE

1870 et 1871

EXPOSÉ

L'effet produit en France sur les citoyens par les événements de ces deux années néfastes a été aussi profond que douloureux ; beaucoup des plus faibles se sont livrés à un chagrin noir, quelques-uns sont même allés jusqu'au suicide, et un nombre considérable d'honnêtes gens ont fait de graves maladies par désespoir national.

Ces deux années de malheur m'ont fait continuer, avec ardeur, les études économiques que j'inscrivais dans des notes au fur et à mesure des événements publics qui se déroulaient devant moi.

Les guerres de 1870-1871 qui ont jeté à terre le dernier Empire viennent, chacun l'a reconnu depuis, des désordres financiers du Bonapartisme.

Mais comme les mêmes désordres se sont renouvelés en se multipliant, depuis dix ans, sous le règne des faiseurs, et qu'un nouveau 1870 est proche si la France n'organise pas bientôt les intérêts de ses enfants, — il me paraît bon de reproduire ici une lettre que j'ai écrite en 1872 à M. Thiers, alors président de la République, afin de lui indiquer les moyens sociaux capables de réparer les désastres de 1870-1871, et de parer à tout jamais à la possibilité de leur retour.

La reproduction de cette lettre est bonne en ce que, les mêmes causes produisant les mêmes effets, la France court, comme je viens de le dire, le risque horrible de voir bientôt fondre sur elle des cataclysmes encore plus effroyables que ceux de la guerre allemande et de la commune révolutionnaire de Paris.

1°

LETTRE A M. A THIERS

EN FAVEUR DE LA

RÉPUBLIQUE PROFESSIONNELLE

———

« Paris, le 24 septembre 1872.

« *A Monsieur Thiers, Président de la République française.*

« Monsieur le Président,

« J'ai reçu la lettre que vous m'avez fait l'honneur de m'adresser le 18 mars dernier pour m'accuser réception d'un livre que j'ai publié sur « **La revanche de la France par le travail** ».

« Cet ouvrage vient d'être couronné par le jury de l'enseignement de l'exposition universelle de l'économie domestique de Paris, qui a eu lieu au Palais de l'Industrie dans le cours de l'été de cette année 1872.

« Je viens vous remercier d'avoir lu mon volume et vous demander la permission de vous en présenter l'idée d'une manière plus pratique.

« Mon livre, Monsieur le Président, contient l'essai de la réorganisation de la France d'après les lois de la nature.

« La famille professionnelle représente le complément obligé de la famille consanguiné ; c'est sa seconde face intelligente et active, sa réorganisation sera le point de départ de l'humanité vers ses nouvelles destinées.

« Son développement immédiat me paraît un besoin urgent ; les terribles événements de 1870-1871 sont l'indice évident de ce besoin.

« Ces événements forment, depuis soixante-dix ans, le quatrième avertissement que les lois de la nature donnent à la société française ; malgré cela, notre pays continue à vivre sans constituer une organisation sociale en rapport avec son avancement intellectuel.

*
* *

« Tous les nobles et savants efforts que vous faites, Monsieur le Président, pour reconstituer notre pays, seront forcément incomplets si vous n'arrivez à rendre intelligent le suffrage universel qui, aujourd'hui, est aveugle.

« Le suffrage universel, tel qu'il est organisé actuellement, est l'arme terrible mise tour à tour au pouvoir du despotisme d'en haut ou du despotisme d'en bas.

« Pour le rendre intelligent, il faut établir le suffrage universel éclairé en organisant au plus vite les syndicats professionnels, dont les Chambres seront les organisatrices des réunions électorales.

« Le suffrage universel choisira alors, en connaissance de cause, des délégués représentant bien les divers intérêts producteurs du pays ; — aujourd'hui il ne peut choisir, il suit l'impulsion de ses proches ou bien celle d'un parti toujours passionné.

« L'organisation du suffrage universel syndical est simple comme toutes les choses rationnelles.

* * *

« Les syndicats professionnels, tels que la nature, les individus et l'esprit d'association par la famille les ont désignés, prennent leurs bases, comme élément politique, dans la division électorale par profession ou groupes de professions similaires.

« Les professions de l'agriculture sont cantonales et leurs syndicats doivent être les comices agricoles.

« Les syndicats des intérêts généraux sont les conseils municipaux nommés dans chaque commune.

« Les présidents de tous les syndicats, comices agricoles et conseils ou groupes de conseils municipaux, forment le syndicat général résumant toutes les forces et tous les pouvoirs dans chaque département.

« Ce sont les similitudes de goûts, d'instincts, de besoins, de tempéraments, d'aspirations, d'avancement moral et matériel, qui réunissent les individus dans les mêmes professions ; — la profession est donc bien la deuxième famille indiquée ou plutôt imposée à l'homme par les lois naturelles.

« Je crois pouvoir vous assurer, Monsieur le Président, qu'il découlera du mariage professionnel, dans un avenir très rapproché, un bien aussi grand que celui produit par la famille consanguine au moyen du mariage conjugal.

*
* *

« Il naîtra de cette organisation un état social issu de la justice qui produira de suite **la force, la fortune et le bien-être général.**

« Ainsi nommée, la Chambre des députés inaugurera la politique des affaires, du travail et des intérêts, laquelle remplacera la politique de la passion, du sentiment et de **l'intérêt particulier** ; la forme du gouvernement *deviendra peu à peu patriarcale ;* car alors, le fond emportera la forme, *la République sera simplement sociale à la base de la société, au lieu d'être l'instrument des ambitieux à sa tête.*

« Le complément indispensable de cet état social est l'établissement immédiat des trois grandes caisses nationales esquissées dans mon livre.

« En effet, le seul reproche véritable que le travailleur laborieux puisse faire à la société, c'est que le fantôme de la misère est toujours à sa porte ; une maladie,

un accident peuvent à tout instant la lui faire franchir ;
— *garantir la sécurité* du lendemain aux travailleurs
laborieux *c'est la donner* du même coup aux autres classes de la société, qui ne sont pas plus sûres de leur
lendemain que les ouvriers.

* * *

« Il faut partir de ce principe :

« La France, comme un individu laborieux, peut et
doit faire en vingt ans la fortune de tous ses enfants
avec une minime partie de ses épargnes, et cela, aussitôt
qu'elles ne seront plus dilapidées.

« Tout ceci constitue un contrat équitable et hono-
rable entre la société et les individus, contrat absolument libre de la part du citoyen, mais dont l'exécution, **par la force des institutions de la famille**
syndicale, deviendra comme l'autre mariage, c'est-
à-dire nécessaire et presque inévitable.

« En résumé, les syndicats professionnels sont destinés à fermer toutes les portes du mal et à ouvrir à
deux battants celles du bien.

« En cet état, les conditions à exiger de l'individu
par la société sont triples : Travail, instruction et
apprentissage intelligent. Je ne veux pas faire ressortir ici l'urgence des deux premières conditions, elle est
trop évidente ; mais permettez-moi, Monsieur le Président, de vous dire un mot de la troisième, **l'appren-**
tissage.

« **Voici ce qui se passe depuis vingt-cinq ans**
à Paris :

* _* ⁎

« Il ne se fait presque plus d'élèves dans les professions industrielles sérieuses ; nous tirons beaucoup de nos ouvriers parisiens de la province et de l'étranger, parce que les parents exigent tous, de suite, un gain quelconque pour leurs enfants.

« Ne pouvant payer un contremaître, donner du bois, du fer ou de l'étoffe à gâter à des élèves et pendant ce temps les payer en plus, nous refusons ; alors les parents mettent leurs enfants dans les professions où les patrons peuvent les rémunérer faiblement, mais ces apprentis n'apprennent rien et ils vont grossir la population des déclassés à leur sortie de ce prétendu apprentissage.

« Comme conséquences :

« 1° Il ne se fait pour ainsi dire pas d'élèves dans les professions du bâtiment, de l'ameublement et du vêtement ;

« 2° Ces professions, qui périclitent toutes plus ou moins, manquent de bras et augmentent ainsi la valeur de leurs produits d'une façon insensée depuis trop longtemps ;

« 3° Tous ces enfants arrivent à vingt ans n'ayant aucun métier sérieux entre les mains ; ne pouvant se donner les jouissances de la vie que, chez les autres, ils ont constamment devant les yeux, ils deviennent pour la plupart jaloux de ceux qu'ils nomment leurs exploiteurs.

« Arrivés là, ils sont devenus les véritables ennemis de la société ; aussi, en ne s'occupant pas d'obliger et d'aider les apprentissages, l'Etat crée et met réellement au monde tous les vingt ans, à Paris, une armée du mal composée de **cent mille individus**, au minimum, toujours prête à se mettre au service des exagérations politiques et sociales, qu'engendrent périodiquement **les malentendus** existant entre les classes de la société.

* * *

« Milton a dit, dans son *Paradis perdu*, qu'un ange envoyé par Dieu avait d'un coup d'aile dérangé la marche de notre planète, pour punir les humains de leurs fautes, et qu'il avait par là changé nos saisons.

« Au printemps éternel dont nous avions joui, auraient alors succédé des changements·de température et des climats différents qui rôtissent l'homme ou le font geler suivant les saisons et les latitudes.

« C'est là le symbole de la perte de l'âge d'or que Moïse a appelé « **le paradis terrestre** ».

« Notre société, Monsieur le Président, est encore dans la position de la terre après le coup d'aile de l'ange; nous sommes tour à tour gelés ou rôtis par les différents partis qui s'arrachent alternativement le pouvoir depuis soixante-dix ans, et le peuple français souffre et paye toujours; lui, le plus intelligent, le plus courageux, le plus travailleur de tous les peuples de la terre et aussi le plus riche, politiquement il est le plus malheureux.

« Tout cela parce que l'ange de 89, faillant à sa mission, a également étouffé dans son enfance, en la personne **des corporations**, la famille professionnelle qu'il avait au contraire pour mission de développer et de dégager de ses quelques abus en l'élevant à l'état de **principe politique.**

« Je pense que le complément de la grande mission que vous accomplissez sera l'installation pure et simple, mais générale, *des syndicats professionnels*; par cela, vous rétablirez l'équilibre de notre planète sociale et nous jouirons politiquement, dans l'avenir, sans efforts ni révolutions, du printemps éternel dont sont dotées les sociétés qui ont la sagesse de conformer leurs actes et leur vie aux lois de la nature.

Le principe syndical.

« Les syndicats organisés constituent la véritable *République professionnelle* qui décuplera dans l'individu l'émulation du savoir et de la production.

« La République professionnelle, c'est le droit, la justice, le progrès et la force; c'est l'équité fraternelle, enfin c'est **la solidarité proportionnelle et logique.**

« J'espère et pressens que notre génération installera les syndicats professionnels comme élément électoral; mais, Monsieur le Président, peu importe le résultat actuel, cette solution est écrite dans le livre des destinées, elle est fatale et forcée; c'est la seule route du progrès éternel, et la nature a dit aux sociétés humaines : *Vous ne pourrez progresser que par ce moyen.*

« Je vous prie d'agréer, etc.

« *Signé :* J.-P. Mazaroz. »

3.

POST-SCRIPTUM

« Puisque l'on parle tant de consolider la liberté individuelle comme moyen d'action populaire, permettez-moi, Monsieur le Président, de vous présenter en post-scriptum une critique de la fausse liberté individuelle décrétée dans les Droits de l'homme de 1791.

Un des malentendus de la société française.

LA LIBERTÉ

« Ce mot a été à la fois le drapeau de l'affranchissement, puis l'arme à deux tranchants dont se sont servis tous les hommes politiques depuis soixante-dix ans. L'ignorance des choses pratiques a permis de faire de ce substantif, nul et faux en tous points depuis les décrets de la nuit du 4 août 1789, le mot du commencement et de la fin de toutes les oppositions ainsi que de tous les despotismes.

« La liberté! **Mais qui donc est libre?** Vis-à-vis des lois de la nature et des devoirs qu'elles nous imposent, personne n'a droit de s'en flatter.

« A ce point de vue la pratique de la liberté c'est le crime, le délit ou au moins la licence.

« Les libertés personnelles et collectives sont limitées par les lois et le devoir; celui qui ne sait pas dire quelle est la loi qui le gêne, ou celle dont il a besoin pour le protéger davantage est un être inintelligent quand il est de bonne foi, et un homme dangereux lorsqu'il connaît le néant du mot *liberté* qu'il articule.

« Celui qui comprend la splendeur du devoir est lié, par cela même, à tout ce qui l'entoure ainsi qu'à ceux avec lesquels il traite ou produit quoi que ce soit.

« L'honnête homme jouit donc de la seule liberté de n'être jamais libre, quelle que soit sa position sur l'échelle sociale.

« Et le mot liberté est pourtant dans toutes les bouches!!! On a brûlé Paris en 1871 au nom de la liberté et croyant la défendre ; c'est, à n'en pas douter, *le libre arbitre* que les masses comprennent instinctivement dans le mot liberté.

« Toujours les malentendus !

« Oui, c'est le libre arbitre qu'il faut développer chez l'homme, en lui prouvant que la seule route du progrès et du bonheur, c'est le travail et le devoir.

« Lamartine, auquel un ami reprochait doucement les quêtes faites à son bénéfice, s'excusait en répondant que **c'était un peu de liberté** qu'il réclamait ainsi à ses compatriotes. — En effet, l'homme dans le besoin n'est pas libre, celui qui est menacé de la misère et de ses terribles conséquences pour lui et pour ceux qu'il aime est dans un esclavage affreux ; l'individu qui reste vertueux jusqu'au bout dans cette position *est* un être sublime : dans tous les cas cet homme n'est pas dans son état normal, il ne jouit pas de son véritable libre arbitre.

« Mais la société aura rendu tous ses enfants libres lorsque, contre la preuve de leur obéissance à la loi du travail, elle aura assuré leur lendemain en cas de maladie, chômage, vieillesse ou incapacité ; la société française n'a besoin, à l'heure qu'il est, que d'un peu de prévoyance pour accomplir ce grand acte d'intelligence et de justice.

« Les politiciens au pouvoir proclament la liberté individuelle afin de pouvoir s'en payer eux-mêmes le plus possible, *selon l'explication de Lamartine;* — mais alors, ces sournois devraient aussi l'accorder dans le même but aux ouvriers laborieux, par l'organisation du travail.

« Malheureusement, ils n'accordent et ne peuvent accorder aux ouvriers que la liberté de la misère. »

2°

OBSERVATIONS

SUR LA LETTRE A M. THIERS

Les choses qui ne réussissent pas, dans la vie générale, sont contraires ou devenues momentanément contraires à l'esprit des lois de la nature.

A leur insu, les hommes et les peuples sont dominés par cette intuition et ils y conforment généralement leurs actes.

Thiers était comme les autres et peut-être encore plus superstitieux que d'autres à cet égard ; — or, Thiers avait vu périr le plus honnête gouvernement du siècle, dont il avait été longtemps le ministre ; — puis, il venait d'observer les fautes horribles et la chute du politicisme impérial dont il avait été le chantre : — alors, cet homme d'Etat prit une foi robuste dans le politicisme républicain.

Du reste, Thiers avait tracé la naissance du politicisme républicain moderne dans son histoire fantaisiste de la Révolution française, qu'il publia l'année 1823 en collaboration avec Camille Bodet ; si bien que pour arriver à ce nouvel essai gouvernemental, cet homme d'État se jeta dans les bras de Gambetta, le grand maître de l'exploitation populaire, ainsi que dans ceux d'un autre Léon de ses amis.

Ces trois hommes sont les seuls et véritables pères de la Constitution de 1875 :

Notre système de République politicienne est tellement odieux que M. Henry Rochefort, lui-même, le juge en ces termes à la fin de l'article de fond du numéro de son journal paru le 25 octobre au matin :

« *Car, par une de ces chances qui n'arrivent qu'à*
« *nous autres Français, nous sommes tombés sur*
« *une République qui retarde de deux siècles sur*
« *la plus despotique des monarchies.* »

M. Thiers, que ma lettre avait pourtant intéressé, ne crut pas qu'il était encore urgent d'en revenir à une organisation des intérêts producteurs, à la base sociale, pour arrêter la France sur la pente de la décadence.

Et pourtant, l'accusé de réception de M. Thiers indiquait qu'il commençait à être convaincu que :

C'était l'absence d'une organisation syndicale du travail et des intérêts entre les patrons et ouvriers, qui avait permis aux politiciens des bas-fonds de renverser l'équitable gouvernement de Juillet.

En fait, de même que ceux qui n'ont pas eu la République professionnelle pour base, le système gouvernemental de 1875 n'a pas réussi, car il a commis plus de fautes et surtout de déprédations, en dix ans, que tous les autres depuis le Directoire.

Si bien que si Thiers vivait, aujourd'hui, il pousserait avec moi à l'organisation de la République professionnelle à la base sociale, ainsi qu'à l'installation de la Monarchie patriarcale à la fois héréditaire et élective au sommet de la société française.

Cela aurait lieu ainsi parce que :

Toutes les spécialités du pouvoir politique **ont fait four**, tour à tour, en passant sur le cadran gouvernemental depuis l'anéantissement des corps d'arts et métiers, et il ne reste que celui traditionnel à rétablir en harmonie avec l'esprit du dix-neuvième siècle ; — mais celui-là assurera, comme il l'a toujours fait, la prospérité nationale.

*
* *

Après que M. Thiers eut refusé de s'occuper à réorganiser le travail et les intérêts, ces paroles de Fontenelle me tombèrent sous les yeux:

« *Toute idée nouvelle excite une répulsion ins-*
« *tinctive, une sensation pénible ; — c'est comme*
« *une lumière subite qui offusque et fait clignoter*
« *les yeux faibles. — Il faut du temps et des pro-*
« *tecteurs puissants pour mettre les bonnes idées*
« *en pratique, comme cela a eu lieu pour les corps*

« *d'arts et métiers dont l'humanité doit la réorga-*
« *nisation au roi saint Louis.* »

Cette conviction a fait dire ailleurs à cet écrivain égoïste :

« *Si j'avais la main pleine de vérités, je me*
« *garderais bien de l'ouvrir.* »

Alors je me recueillis et je songeai, comme je le fis à chacune de mes déceptions, tant à la lâcheté humaine qu'à la lenteur avec laquelle le bien a remporté chacune de ses victoires sur le mal, je me dis que les conquêtes les plus précieuses exigent des efforts constants et je me remis à espérer ;

Puis, je commençai la publication successive de 40 brochures et volumes sur toutes les faces historiques, scientifiques, théoriques et pratiques de la question sociale ; je fis tirer ces divers ouvrages à un grand nombre d'exemplaires, et pendant treize années, je les ai régulièrement envoyés aux savants et gouvernants de la nation et des principales puissances d'Europe, aux officiers de toutes les loges maçonniques du pays, aux principaux membres du clergé, aux députés, sénateurs et ministres, aux syndicats des patrons et ouvriers de toute la France, etc., etc.

3°

LE GRAND MALENTENDU SOCIAL

ENTRE LES CONSERVATEURS ET LES POPULATIONS
LABORIEUSES

J'ai reçu, pendant le cours de ces treize années, plus de trois mille lettres de félicitations, dont la plus grande partie vient des travailleurs laborieux du pays; — si bien que je possède les preuves irréfutables que tous les ouvriers de l'industrie française sont avec moi et désirent l'organisation syndicale.

Néanmoins, les ouvriers continuent de voter pour les radicaux, bien qu'ils les reconnaissent déjà pour leurs ennemis, et cela, parce qu'ils espèrent encore dans le mot *République* : — Malheureusement, les conservateurs ont l'habitude de toujours dire qu'ils veulent détruire la République sans expliquer qu'ils ne veulent parler que de celle politicienne, mais non de la République professionnelle qu'ils désirent tous organiser à la base de la société, sous la forme syndicale des corps d'arts et métiers.

Voici l'extrait d'une lettre que j'ai écrite à ce sujet à un intelligent conservateur de Paris :

« Paris, 17 septembre 1885.

« Cher monsieur,

« *Dans l'assemblée des conservateurs du 16 cou-*
« *rant au Cirque d'hiver, l'honnête M. Denys Cochin*

« *a dit, sans aucune autre explication* : « **La Répu-**
« **blique ne sera pas.** »

« Et pourtant :

« Jules-César a été tué pour avoir repoussé et persi-
« flé la République.

« Mieux avisé, le premier Bonaparte a conservé le
« mot **République française** sur les monnaies et
« actes publics, depuis le coup d'État de Brumaire
« jusqu'en 1810.

« Les observateurs constatent tous que :

« Malgré son mépris actuel pour les radicaux oppor-
« tunistes et autres, le peuple français a une attache
« sympathique au mot **République**, parce que ce mot
« est une espérance secrète pour lui ; — c'est pour ce
« motif que j'ai l'honneur de vous dire sur tous les tons
« depuis six mois que :

« **La République syndicale à la base de la**
« **nation française amènera forcément la Mo-**
« **narchie patriarcale au sommet de la société.**

« Mais si les conservateurs ne disent pas carrément
« que c'est là leur désir, les populations croiront qu'ils
« veulent simplement rétablir une monarchie politi-
« cienne dans le genre du dernier Empire ; — or, gou-
« vernement politicien pour gouvernement politicien,
« les ouvriers français préféreront celui républicain,
« jusqu'à l'arrivée des grands cataclysmes que nous pré-
« pare depuis dix ans le radicalisme politique.

« Ces cataclysmes éclaireront enfin les patrons et
« ouvriers sur les mensonges politiciens, mais cela sera
« peut-être trop tard pour sauver le pays.

3.

« Alors, de leur propre mouvement, les ouvriers labo-
« rieux abandonneront toutes les nuances du radicalisme,
« comme ils ont abandonné l'Empire après 1870, mal-
« gré qu'ils aient généralement voté pour lui, au moins
« dans les départements, de 1848 à 1870 ; — et cela,
« exactement comme ils votent aujourd'hui pour les
« radicaux.

« S'adressant au serpent politicien de son temps,
« Moïse fit prédire l'arrivée du fait ci-dessus par ces
« mots, qu'il mit dans la bouche de l'Esprit Eternel des
« lois de la nature :

« *Et je mettrai l'inimitié entre toi et la femme ;*
« (**colonne ouvrière**), *entre ta postérité et celle*
« *de la femme : — cette postérité t'écrasera la*
« *tête et tu la blesseras au talon.*

(Genèse de Moïse, chapitre III, verset 15.)

« Le seul moyen d'arracher le masque aux despotes
« politiciens qui trompent et pillent la nation sous le
« couvert du mot **République**, est donc de proclamer la
« **République professionnelle**, qui colporte la seule
« rédemption possible pour les classes laborieuses.
« Veuillez agréer, etc.

« **Nota**. — La confusion de la République politicienne
« avec celle professionnelle représente donc **le grand
« malentendu** qui sépare encore les ouvriers labo-
« rieux des conservateurs, car ces derniers ne sont,
« en réalité, que leurs patrons, ainsi que les consom-
« mateurs qui les font travailler ; — cela veut dire
« leurs meilleurs amis.

MORALITÉ

« Les hommes du radicalisme ne sont et ne peuvent
« être les amis des ouvriers qu'en théorie ; mais, dans
« la pratique, ce sont leurs plus perfides ennemis. »

4°

SUR L'ESPRIT

DE LA

RÉPUBLIQUE CONSERVATRICE

*La République actuelle, avec son chef du pouvoir
exécutif nommé périodiquement par les élus du suffrage universel aveugle, n'est qu'un perfide et gros-
sier pastiche du véritable gouvernement de tous par
tous, savoir :*
    « République professionnelle à la base sociale. »
    « Monarchie patriarcale à la tête de la nation. »
*En effet, il est indiscutable que le Président de notre
République est un vrai Monarque constitutionnel, dont
le mode d'élection peut aussi bien nous donner un
meurtrier comme Barbès, que l'honnête homme actuellement Roi de la République exploiteuse.*

*La Monarchie est donc un principe indispensable de
gouvernement, puisque le radicalisme l'emploie hypo-
critement, mais réellement.*

*C'est-à-dire que notre Monarchie radicale actuelle est
bien la fille de la conspiration des sectes de déclassés.*

Tandis que la Monarchie patriarcale que j'explique dans cette brochure, constituera officiellement et sera l'âme de l'union de toutes les classes.

La Monarchie légendaire, c'est-à-dire héréditaire, n'est patriarcale que parce qu'elle représente l'union des classes sociales **de la Patrie,** *au moyen de son mariage avec la République professionnelle ; ce mariage remplacera donc la période révolutionnaire par :*

La seule et véritable République conservatrice,

Qui réglera toutes les transactions dans les classes laborieuses.

RÉPUBLIQUE ET MONARCHIE

TROISIÈME PARTIE

LOI NATURELLE DES RELATIONS

J'ai publié souvent et je ne saurais trop répéter que :

1º Le grand secret de la nature est : **ordre et organisation** ; cela veut dire :

Ordre et organisation de tous par tous, mais non ordre et organisation de tous par quelques-uns seulement.

Celui qui mesure l'huile se graisse les mains, dit un vieux proverbe ; il en est fatalement de même de ceux qui mesurent l'huile des intérêts des autres.

Par ces motifs, il est évident que :

2º L'exploitation d'une nation, par les sectes de spéculateurs, peut être comparée à une belle poire dans laquelle un gros ver a réussi à s'introduire ; or, ce ver ronge, de la peau au cœur, l'importance d'une grosse aiguille de bas de sa chair ; arrivé là, il corrompt peu à peu tout le fruit.

Cette similitude explique pourquoi les pertes de la fortune du pays sont vingt fois supérieures à ce qu'il lui a été volé réellement, depuis dix ans, sous le couvert des institutions du faux républicanisme.

D'un autre côté, les lois naturelles nous apprennent

que : — Le miel des abeilles appartient, en droit, aux propriétaires des champs et jardins où ces ouvrières vont butiner.

Mais pour tenir les abeilles en plein rapport, les propriétaires ont le plus grand intérêt à laisser une part suffisante de miel à ces travailleuses, pour se nourrir en hiver.

Toute l'organisation patronale et ouvrière doit se calquer sur ce principe naturel.

Cela doit être ainsi, parce que :

3º Sans une équitable **répartition des grades** et traitements qui y sont attachés, une armée ne peut pas jouir d'une bonne discipline ; or, sans une bonne discipline, la force militaire d'un État est plus ou moins vaincue à l'avance ; — Il en est de même de l'armée des travailleurs de tous les rangs dans une nation.

4º J'ai dit plus haut que : « *Le passé est le modèle éternel de l'avenir* ». Il faut donc s'inspirer du passé pour reconstruire notre état social en harmonie avec les progrès de l'esprit moderne.

Ce sera là une véritable démocratie;

Car celles que produisent les Républiques politiciennes ne sont que de fausses démocraties, parce que les ambitieux et les déclassés qui les dirigent ne veulent la République au sommet de la nation, que pour gaspiller les richesses publiques, en maintenant la misère, les chômages et les faillites à la base de la société, au moyen de la bataille générale des intérêts.

Sous le titre de « **République professionnelle de la Nationalité française,** » je donne, ci-dessous, l'esprit de l'organisation générale des anciens corps d'arts et métiers qui ont fait la France, car, sans ces communautés, notre autonomie nationale actuelle n'aurait pas dépassé les Guerres de religion de la Renaissance.

RÉPUBLIQUE PROFESSIONNELLE

DE LA NATIONALITÉ FRANÇAISE

> Le rôle de l'État est d'exécuter ce que les citoyens ne pourraient pas faire sans les ressources dont il dispose.
>
> CoQUELIN.

EXPOSÉ

A la suite de l'anéantissement définitif des corps d'arts et métiers, les constituants de 1791 et leurs successeurs ont détruit et brûlé tous les statuts, tarifs et documents dés anciennes corporations et de leurs confréries qui leur sont tombés sous la main, en les faisant rechercher pendant plus de cinquante années de suite ; et cela, à seule fin de ne pas laisser sous les yeux des populations laborieuses la preuve de l'excellence de cette organisation bienfaisante ;

Enfin, pour ne pas laisser voir aux patrons et ouvriers que :

Sans nier certains autres bienfaits, la grande révolution les avait réellement déshérités.

Si bien que j'ai passé des années à rechercher les

documents des six siècles de l'existence de ces communautés professionnelles, car ces documents sont infiniment plus difficiles à se procurer que ceux du moyen âge et de l'Empire romain, époques où l'imprimerie n'existait pourtant pas.

On voit que les scribes et pharisiens modernes méritent le même reproche que le Christ adressait, en ces termes et sur le même sujet, aux Judas d'Israël qui ont existé depuis le schisme jusqu'à lui :

« *Malheur à vous, docteurs de la loi, parce qu'ayant*
« *pris la clef de la connaissance selon l'explication de*
« *Lamartine, vous n'y êtes point entrés vous-mêmes, et*
« *vous avez encore empéché d'y entrer ceux qui vou-*
« *laient le faire.*

(Luc. chap. XI, verset 52.)

Ce n'est qu'après des recherches longues et coûteuses, que j'ai pu me procurer des documents suffisants, pour coordonner et appuyer sur des faits mes histoires des corporations et autres ouvrages sur le même sujet. Outre les documents isolés, voici les principaux livres dans lesquels j'ai puisé d'excellents renseignements.

1º Recueil des anciennes lois françaises depuis l'an 420 jusqu'à la Révolution de 1789, par MM. Isambert Decrusy et Taillandier ; Paris, Belin, éditeur, 1822-1824, 29 volumes in-8º ;

2º Histoire des anciennes corporations d'arts et métiers et des confréries religieuses de la capitale de la Normandie ; Rouen, 1850 ;

3º Dictionnaire des institutions, mœurs et coutumes de la France, par **A. Chéruel** ;

4º Le livre des métiers d'Étienne Boileau, avec des Notes et une Introduction, par **G.-B. Depping** ; Paris, imprimerie de **Crapelet**, 1837 ;

5º Enfin, les divers Annuaires des corporations de l'ancien régime qui sont de plus en plus rares.

Quant aux documents particuliers, leur absence est presque complète.

Les pharisiens et scribes de nos jours, font également la conspiration du silence contre mes ouvrages sur l'organisation de la France par la République professionnelle à la base sociale, avec la Monarchie patriarcale au sommet.

Lorsque les conservateurs connaîtront aussi bien les avantages immenses que cet état social leur donnera, que les politiciens connaissent son danger pour leurs manigances, alors, mais seulement alors, la France sera prête à être sauvée, — car les populations laborieuses ne sympathiseront complètement avec les conservateurs que sur ce terrain-là seulement.

I

Les anciennes Corporations professionnelles.

« Les anciennes corporations étaient des communautés ou familles du travail ; elles étaient composées de deux institutions n'en formant qu'une seule, la CORPORATION savoir :

« 1º L'organisation du travail;

« 2º La confrérie.

« L'organisation du travail de tous les maîtres ou patrons d'une profession était inscrite dans des règlements et statuts consentis par les intéressés devant le premier magistrat de chaque ville, lequel s'appelait le PRÉVÔT, le BAILLI ou le BOURGMESTRE dans toutes les villes de la province; mais, à Paris, ce magistrat s'appelait le PRÉVÔT DES MARCHANDS.

*
* *

« Le prévôt de chaque ville inscrivait simplement les coutumes d'un métier sur un registre, chaque fois que ce métier s'organisait en corps ou modifiait ses statuts, et cela, après en avoir obtenu les lettres patentes du roi, des princes ou seigneurs.

« Cette inscription se faisait, comme il est dit ci-dessus, par les intéressés eux-mêmes. C'était là l'enregistrement légal des actes de société des corps de métiers, que l'individualisme a pris pour enregistrer les actes de société entre les particuliers.

« L'individualisme a volé cela comme il a volé toute chose aux corporations, en individualisant simplement ce qui était collectif.

« Le premier enregistrement représente la paix sociale, tandis que le second en constitue la guerre; mais ils sont aussi libres l'un que l'autre. De même que les actes de société d'aujourd'hui, les statuts des corporations faisaient loi entre les parties ; on n'a jamais vu personne en contester les règlements, pendant les six siècles consécutifs de leur existence légale.

« Il est loin d'en être de même pour les sociétés entre particuliers, dont les milliers de procès annuels remplissent les tribunaux.

« De cette constatation il résulte que :

« En dehors de la famille consanguine et de la famille professionnelle, l'association des intérêts communs est un acte contraire aux lois de la nature.

*
* *

« Aussitôt formée par les pères de famille d'un métier, la corporation professionnelle se hâte de donner la main à la famille consanguine par l'obligation des apprentissages. L'obligation de l'apprentissage était donc la base fonctionnélle des anciennes corporations, base féconde et morale par excellence. On va en juger.

« L'élève des corporations restait de cinq à huit ans en apprentissage, suivant les professions, sans pour cela que ses parents eussent besoin de signer un contrat, car les conditions en étaient inscrites dans les statuts de chaque métier ; — aussi, après un essai de huit à quinze jours, l'enfant et ses parents étaient complètement engagés.

« L'apprenti était nourri, couché, blanchi et instruit par son maître ; il devenait ainsi un enfant de sa maison ; en effet, il était convenu que les apprentis ne devaient pas être traités autrement que les enfants des maîtres des métiers.

« La coutume avait sanctionné pendant des siècles cette paternelle décision.

« L'apprenti ne pouvait devenir compagnon dans aucun métier sans avoir préalablement passé un examen, comme cela a lieu pour les avocats, médecins, ingénieurs, etc. — En place d'une thèse ou d'un plan, l'apprenti corporatif confectionnait seul et sans conseils un objet de sa profession, lequel devait être un chef-d'œuvre de travail manuel.

« Le passage de l'apprenti au grade de compagnon s'appelait une augmentation de salaire, exactement comme dans la maçonnerie, qui n'est, du reste, que la théorie de la corporation professionnelle.

« Les examinateurs des candidats au grade de compagnon étaient des maîtres et compagnons du métier, désignés en nombre égal par les syndics de la corporation.

« Les garanties mutuelles ainsi que l'excellence de cette partie de l'organisation corporative, aux points de vue de l'esprit de famille, de la perfection du métier, de la richesse et de la force du pays, de l'indépendance de chaque individu par la connaissance approfondie d'une profession, n'ont besoin d'aucun commentaire à la suite de leur relation pure et simple.

*
* *

« L'apprenti était, comme je viens de le dire, considéré comme l'enfant de la maison de son maître dans les anciennes corporations; mais une fois son temps fini l'apprenti devenait, par son chef-d'œuvre, le compagnon de travail, enfin l'ami de son patron, lequel lui avait généreusement donné tous les secrets de sa science professionnelle, en même temps qu'il avait eu soin de sa santé, de sa conduite et de son instruction.

« Cet état social de la corporation professionnelle rappelle exactement l'excellent conseil suivant, qu'un savant de l'antiquité donnait à un jeune père de famille de ses amis :

« JUSQU'A CE QU'IL AIT SEIZE ANS, SOIS UN VÉRITABLE PÈRE DE FAMILLE POUR TON FILS; PASSÉ CET AGE, DEVIENS SON MEILLEUR AMI.

« On voit clairement que la corporation professionnelle est, indiscutablement, la continuation de la famille consanguine dans toutes les relations d'intérêts de l'activité humaine.

*
* *

« Lorsque le compagnon était devenu un véritable artiste dans le métier de son choix, alors et presque toujours sous les inspirations de son patron, il pensait à devenir maître.

« Dans cette circonstance, le compagnon devait faire une demande d'augmentation de salaire aux syndics ou officiers de sa corporation.

« Le compagnon corporatif exécutait son chef-d'œuvre en loge, dans l'hôtel de sa corporation, tandis que l'apprenti l'exécutait dans une chambre à part, chez son maître.

*
* *

« Une fois reçu maître en son art ou métier par l'examen oral, et son chef-d'œuvre admis comme tel par les examinateurs délégués, l'ancien compagnon passait généralement contremaître dans un atelier du corps jusqu'à ce qu'il trouvât un métier à acheter, qu'il succédât à un maître sans enfants, qu'il devînt le gendre d'un patron n'ayant que des filles ou dont les fils, assez riches, désiraient vivre de leurs rentes tout en s'occupant d'art ou de science.

« Tout cela est absolument semblable à ce qui existe aujourd'hui, mais cela se passait sans faillites et avec un ensemble de garanties mutuelles inconnues sous notre système social égoïste.

*
* *

« Avant d'ambitionner l'augmentation de salaire appelée la MAÎTRISE, il arrivait très souvent que les compagnons des corporations des grandes villes et même des petites partaient pour leur tour de France ; alors, et chaque fois que les compagnons touristes changeait de ville, ils étaient précédés de lettres, qui donnaient leur signalement moral et physique aux syndics compagnons, vivant chez la MÈRE du métier de l'arrivant (1).

« Cette organisation fraternelle intéressait chaque compagnon à se conduire dignement de toute manière,

1. La mère des compagnons, du temps des corporations et encore actuellement, est simplement un maître d'hôtel ou aubergiste chez lequel les compagnons mangent et couchent.

car il était reçu et protégé dans chaque ville en pro-
portion exacte avec ses talents et sa conduite.

« Par cela, ainsi que par toutes les autres branches
de la corporation professionnelle, on voit que :

« De même que dans la vie universelle, l'organisation
corporative donne à CHACUN SELON SES ŒUVRES, mais
en encourageant en tout et partout le travail et les
bonnes actions.

*
* *

« Les compagnons des anciennes corporations n'é-
taient donc étrangers nulle part sur le tour de France,
partout ils trouvaient d'avance du travail, du crédit
et de bons camarades pour les bien recevoir à leur
entrée dans une nouvelle ville, et leur faire la conduite
avec cannes et bannières lorsqu'ils partaient.

« Après la Révolution, l'institution du compagnonnage des anciennes corporations s'est rapprochée de la
franc-maçonnerie, en se divisant en compagnons *gavots*
et compagnons du *devoir*, dénominations qui corres-
pondent aux deux rites politiques de la maçonnerie,
lesquels se nomment :

« 1º Le rite français ;

« 2º Le rite écossais.

« Les compagnons du *devoir* sont ceux dont les coutumes se rapprochent le plus du compagnonnage des
anciennes corporations.

*
* *

« EN RÉSUMÉ, la masse des objets de toute
nature, fabriqués avant la grande Révolution,

qui nous restent encore et sont l'honneur de nos musées, mobiliers et collections particulières ;

« L'immense quantité des objets anciens, tels que meubles, bronzes, marbres, cadres, livres, gravures, tapisseries, broderies, ivoires, émaux, orfèvrerie, bijoux, dentelles, montres et horlogerie, armes, étoffes, etc., qui ornent tant d'appartements et remplissent tant de boutiques de bric-à-brac, de tapissiers, et de marchands de curiosités de Paris et de province, puis, les châteaux et les appartements des villes de France, ont été, pour plus des neuf dixièmes, fabriqués par les anciennes corporations françaises.

*
* *

« Et pourtant, les objets fabriqués en France avant 1789 sont exportés journellement dans toutes les puissances étrangères depuis cinquante ans, mais surtout en Angleterre, dont les lords ont, en outre, fait acheter une foule de produits de nos anciennes familles du travail en 1792, c'est-à-dire à l'époque du pillage des hôtels et châteaux de la féodalité.

« Les Français ne se sont aperçus de cette malice des anciens lords anglais qu'à l'Exposition universelle de Londres de 1862, en parcourant les immenses salles du South-Kensington, dans lesquelles le directeur de ce remarquable musée industriel avait fait ranger une partie des beaux meubles et bronzes des corporations françaises, qui ornent les châteaux et hôtels anglais depuis 1792, et dont ce directeur, ami du progrès, avait sollicité et obtenu le prêt de l'aristocratie britannique.

« Je viens d'étendre un peu l'explication ci-dessus, afin de bien démontrer l'immense prospérité industrielle de la France des corporations, ainsi que sa supériorité transcendante sur l'industrie française du dix-neuvième siècle, comme-chiffre comparatif d'abord, mais surtout comme qualité des produits pour tout ce qui regarde l'ameublement en général, le costume de luxe et les travaux des professions du bâtiment, destinés aux châteaux, monuments et hôtels.

II

Les confréries corporatives.

« Outre leurs caisses de prévoyance qui montaient à plus de cent millions de francs (*à Paris seulement*), lorsqu'elles furent confisquées en 1791 après le décret d'anéantissement, et sans compter beaucoup d'entre elles qui furent sauvées de la spoliation (1);

« Outre leurs caisses de prévoyance, dis-je, les anciennes corporations avaient chacune un hôtel à Paris.

« Ces hôtels, dont beaucoup existent encore, étaient appelés bureaux de telle ou telle corporation.

« C'était dans ces locaux corporatifs que l'organisation mutuelle de chaque métier fonctionnait, sous le nom de CONFRÉRIE.

---

1. Les spécialités professionnelles des corporations avaient chacune leur caisse de prévoyance à part pour les compagnons. Celle des maîtres était unique pour chaque corps de métier; mais il n'y avait qu'un caissier par corporation, lequel était un maître syndic délégué.

« C'était des bureaux et magasins des confréries corporatives que les dames des maîtres partaient chargées
d'argent, de remèdes, vêtements, linge et autres objets
utiles aux femmes et enfants des compagnons laborieux
du corps, lorsque la maladie ou les infirmités avaient
réussi à s'asseoir au foyer de ces travailleurs, ou bien
encore au moment de l'accouchement des compagnes
de leur existence.

*
* *

« Malgré les promesses de nos premiers constituants,
la Révolution française n'a encore remplacé par rien
les magnifiques secours mutuels des anciennes corporations.

« Et pourtant, en dénonçant les ouvriers des corporations dipersées qui se réunissaient pour rétablir leurs
caisses de prévoyance confisquées, le constituant Chapelier fit, le 14 juin 1791, cette déclaration solennelle
à la tribune de l'Assemblée constituante :

« IL N'Y A PLUS DE CORPORATIONS DANS L'ÉTAT, IL N'Y
« A PLUS D'INTÉRÊTS COMMUNS, IL N'Y A PLUS QUE L'INTÉ-
« RÊT PARTICULIER ET L'INTÉRÊT GÉNÉRAL.

« C'EST A LA NATION, C'EST AUX OFFICIERS PUBLICS EN
« SON NOM, A FOURNIR DES TRAVAUX A CEUX QUI EN ONT
« BESOIN ET DES SECOURS AUX INFIRMES. »

« On voit une fois de plus que :

« Mensonge et profession politique, c'est tout un.

*
* *

« Les constituants de 1791 qui ont adopté à l'unanimité ces criminelles théories, — se sont trompés en détruisant l'intérêt commun.

« En effet, si les maîtres des corporations et leurs dames étaient si empressés à distribuer des secours aux familles de leurs compagnons, c'est que leur intérêt commun, qui est l'intérêt professionnel, les engageait à conserver le plus possible le bien-être aux éléments du travail de leurs ateliers, qui étaient les ouvriers.

« Tandis que les officiers publics d'aujourd'hui, n'ayant aucune relation d'intérêt avec les populations laborieuses, ne se sont jamais occupés de leur procurer du travail ni des secours.

« Trois institutions à peu près impuissantes ont été seulement établies depuis la Révolution, afin de donner un semblant de mise à exécution à la déclaration solennelle de Chapelier, approuvée par un vote unanime de la première Constituante.

« Ces trois institutions sont :

« 1º L'assistance publique des hospices, laquelle existait déjà sous l'ancien régime à côté des confréries corporatives ;

« 2º Les bureaux de bienfaisance, qui n'ont à peu près jamais rien donné qu'aux familles des mouchards ;

« 3º Les fourneaux philanthropiques.

« Ces trois institutions enrichissent et comblent de places et d'honneurs ceux qui s'en occupent ; mais, sous leur influence, le prolétariat grandit de plus en plus depuis les corporations, époque où il était absolument inconnu en France.

*
* *

« Par opposition, voici les principaux résultats sociaux
dont les anciennes corporations ont doté les villes de
France, pendant les six siècles de leur fonctionnement.

« A. Les compagnons des corporations aimaient leurs
patrons au lieu de les détester comme aujourd'hui, et
ils les aimeront encore aussitôt que l'organisation professionnelle aura remplacé les luttes d'intérêt et les
divisions de toutes sortes.

« B. Par suite de l'obligation des apprentissages, la
grande caste des déclassés était inconnue dans les villes et bourgs de France, au temps des anciennes communautés professionnelles.

« C. Depuis l'ordonnance des bannières, en date de
1467, il a été imposé à tout habitant de Paris de faire
partie d'une corporation professionnelle ; — cette obligation a été appliquée, au seizième siècle, à toutes les
villes et bourgs de France.

« D. Par les tarifs de vente, de façon, les bases
d'estimation et les conciliations syndicales, la plaie
gangréneuse des spéculateurs était inconnue des
anciennes corporations, de par la même raison que les
tarifs de la ville de Paris éloignent actuellement les
intermédiaires des industries du bâtiment.

« E. Par les caisses de prévoyance des corps d'arts et
métiers, la misère et même le besoin ne pouvaient pas
se fixer au foyer des travailleurs, maîtres et compagnons. La charité n'avait donc rien à voir dans cette
institution, qui était alimentée par les cotisations

des maîtres et des compagnons, puis par les dons
et legs des maîtres des métiers et des grands seigneurs. »

INSTRUCTION

Les anciennes corporations employaient un moyen
fort simple pour moraliser leurs compagnons.

Voici ce moyen :

« Celui qui faisait régulièrement sa journée minimum
de travail (*sauf cas de force majeure*) avait seul un droit
proportionnel à la part des caisses de prévoyance, pro-
venant des dons et legs ; cette part était de beaucoup
plus forte que celle résultant des cotisations, car on
ne cite pas un seul maître qui soit mort sans laisser
un legs plus ou moins important aux caisses de prévoyance de son corps de métier.

« Ce moyen représentait un contrat bien régulier, et
la liberté personnelle était absolument respectée. -

« F. Les faillites, qui se comptent par douze à quinze
cents tous les ans, à Paris, depuis le commencement
du siècle, y étaient absolument inconnues du temps
des communautés professionnelles. A cette époque
bienheureuse on citait avec terreur une faillite, comme
l'on annonce aujourd'hui une grande grève.

« G. Par les six premiers points ci-dessus, on voit

parfaitement pourquoi les crimes et les délits étaient si rares à Paris et dans les autres villes de France, aux dix-septième et dix-huitième siècles.

« H. Les municipalités et la justice consulaire représentaient les centres fédératifs des anciennes corporations; en ce que les consuls, les échevins et le prévôt qui enregistraient leurs statuts étaient généralement des anciens maîtres des arts et métiers. »

(*Extrait des moyens pratiques pour enrichir la France et les Français*, pages 124 à 128 inclus, par J.-P. MAZAROZ, 1882-1883.)

Autres constatations.

Comme on le voit par l'extrait ci-dessus de l'un de mes ouvrages, les syndicats professionnels et leurs confréries étaient et seront toujours aussi féconds en bienfaits mutuels pour faire face aux divers besoins de leurs adhérents laborieux, que le sont les bonnes mères de famille pour subvenir aux besoins moraux et matériels de leurs enfants.

Voici quelques-unes des constatations de la vertu pratique des anciens corps d'arts et métiers, que les chercheurs retrouvent de temps en temps dans les vieux papiers, échappés à la haine des révolutionnaires.

1.

Le statut des ordonnances de Carcassonne, renouvelé en 1402, porte que :

« S'il arrivait que des maîtres et des ouvriers du « métier, ou leurs fils, viennent à la *pôvreté* et à l'*infir-*

« *mité*, ou qu'ils ne puissent pas travailler, les prud'-
« hommes et les jurés du métier y pourvoiront sur les
« émoluments des aumônes, tant que lesdits pauvres
« ou infirmes demeureront dans l'indigence.

L'article XVII des mêmes statuts porte que « les
« serviteurs de la communauté seront également assis-
« tés dans les mêmes conditions et enterrés aux frais
« de la communauté. »

2.

Dans toutes les confréries corporatives de la France,
les coffres ou caisses de prévoyance étaient toujours
assez amplement garnis pour pourvoir à tous les besoins de l'assistance mutuelle au profit des *besogneux*,
des *malades*, des *orphelins*, des *vieillards* et des *infirmes*
du métier.

Les caisses de prévoyance étaient alimentées par les
taxes payées pour les apprentissages et le compagnonnage, pour la maîtrise, par les cotisations fixées pour
les artisans de tous les degrés, par les amendes pour
la violation des règlements, et par les donations des
riches du métier ou des bienfaiteurs étrangers.

3.

La corporation des tailleurs d'habits de Paris et leurs
compagnons ont revisé leurs règlements en l'an 1667 ;
— l'article XXXI de ces règlements porte que :

« Chaque maître sera tenu de mettre trente sols par
« an et chaque compagnon seize sols dans la *Boëte* aux
« offrandes, pour être employés aux *rentes* et *secours*

« aux pauvres et vieilles gens dépourvus, de ladite
« communauté. »

4.

Les corporations des jardiniers avaient une assistance mutuelle admirablement organisée, dont on
retrouve encore quelques restes dans beaucoup de
villes de France, entre les maîtres jardiniers de ces lo-
calités.

La cotisation annuelle des compagnons jardiniers
était au xviiie siècle de 6 livres, celle des maîtres de
20 livres, et de 10 à 12 livres pour les maîtres ouvriers
(*la livre était de 24 sous*).

Le livre « *commode* » des adresses de du Pradel donne
les plus intéressants renseignements sur les institutions diverses des corporations de Paris.
Les « *Tablettes de Renommée* » sont également excel-
lentes à consulter sur le même sujet.

5.

Les corporations des mineurs et fossiers de toute la
France avaient des secours mutuels parfaitement éta-
blis ; — les maîtres étaient tenus par les règlements à
faire terminer à l'amiable tous les différends, soit entre
les maîtres, soit entre les ouvriers, ou bien entre les
maîtres et les compagnons ou ouvriers.

Du reste, dans toutes les anciennes corporations, le
travailleur, dans quelque circonstance qu'il se trouvât,
avait pour lui et sa famille la sécurité du gagne-pain
et du lendemain.

Le politicisme n'a jamais remplacé cela par rien, malgré ses nombreuses promesses, depuis l'anéantissement des anciens corps d'arts et métiers jusqu'à nos jours.

Et cela ne peut pas être autrement, parce que:

La République politicienne est le gouvernement de tous au profit de quelques-uns, tandis que la République professionnelle à la base sociale est le gouvernement de tous par tous au profit équitable de chacun:

Cette dernière République est donc le seul règne de la Justice du Christ.

III

OBSERVATIONS

SUR CETTE TROISIÈME PARTIE

J'ai dit cent fois et je répète que:

Il ne faut pas rétablir les anciennes corporations; autre temps, autres mœurs; — mais si les mœurs changent, l'esprit organisateur des lois de la nature reste le même à tous les âges de l'humanité.

Il faut donc laisser de côté *la lettre* des anciens corps d'arts et métiers et en prendre seulement *l'esprit*; c'est-à-dire qu'il s'agit simplement de mettre à exécution la loi sur les syndicats professionnels de mars 1884.

Voyons les bases de la situation économique actuelle de la France :

Conspiration révolutionnaire.

La grande Révolution nous a délivrés de la féodalité territoriale, mais elle nous en a donné une autre bien autrement dangereuse qui est la féodalité de l'argent.

Voici comment ce changement a eu lieu.

Une fois que **les conspirateurs du tiers état** eurent réussi à faire abolir les corps d'arts et métiers par les deux ordres supérieurs, les 14-27 juin 1791, **ils** purent continuer plus largement la Révolution, grâce à l'absence de cette large et solide base mutuelle de toute bonne société.

Le mot Révolution n'a jamais signifié qu'une seule chose, qui est la déchéance de certains privilégiés dans une société, pour faire place à d'autres qui viennent prendre leur lieu et place par la force et la ruse ; — en effet, après la fin de la comédie révolutionnaire, c'est-à-dire la première année du Consulat, à peu près tout le territoire français avait changé de mains, ou plutôt de propriétaires ; — mais le nombre des parvenus n'était pas alors beaucoup plus nombreux que celui des anciens nobles français :

Par exemple, à la place du comte et du duc tel ou tel, on trouvait MM. Dupont, Colombin ou autres, qui étaient de grands propriétaires ; — là se bornait le seul et véritable changement social opéré par la révolution.

* * *

Mais lorsque les nouveaux grands propriétaires virent clairement que la paix ne se ferait jamais entre Bonaparte et le reste de l'Europe, ils furent convaincus qu'un jour ou l'autre on leur reprendrait, par un décret, les biens qui leur avaient coûté tant d'années de conspirations.

Alors, ils vendirent leurs propriétés par petits morceaux et à crédit, sur tout le territoire français, en donnant jusqu'à 30 et 40 années pour payer, au taux des dettes hypothécaires à 5 pour 100.

La Restauration ne put donc pas restituer les biens des nobles, mais elle leur fit payer un milliard d'indemnité par la France.

Bref, il s'est vendu ainsi pour 50 à 60 milliards de francs de propriétés dans tous nos départements, de 1804 à 1813; ce qui constitua les bases d'une large féodalité de l'argent, qui tenait et tient encore toute la France dans une espèce de toile d'araignée financière, qui se transforme périodiquement à l'infini, mais dont les mouches populaires sont toujours retenues par les fils perfides.

Rénovation.

Une seule chose, au monde, peut débarrasser notre pays du despotisme de la féodalité de l'argent; c'est l'organisation syndicale de la France au moyen de la loi de mars 1884, unie au crédit à bon marché dont j'explique le fonctionnement dans ma brochure sur les banques syndicales.

Alors, la vie à bon marché nous sera rendue par les sociétés syndicales et fédératives de consommation, qui enrichiront l'agriculture et rétabliront notre exportation actuellement perdue, tout en créant les échanges entre les industries des villes et des champs.

La diminution constante et actuelle du chiffre de la population sera arrêtée par la prospérité des affaires mais surtout par l'organisation syndicale des mariages, qui se contracteront naturellement au moyen des réunions hebdomadaires des familles patronales et ouvrières des syndicats professionnels.

La religion catholique rentrera ainsi pleinement dans son rôle charitable, en administrant avec les syndics délégués, le côté mutuel des syndicats par les confréries corporatives.

Enfin, la Monarchie patriarcale représentera les classes riches au pouvoir exécutif, sans avoir jamais le droit de discuter légalement l'existence de la République professionnelle.

Par contre, les classes patronales et ouvrières de la société n'auront aucun droit de discuter la Monarchie patriarcale, qui sera la garantie de la classe fortunée, tout en formant le trait d'union de cette dernière avec les deux classes du travail et du négoce.

*
* *

L'équité de cette organisation sociale et gouvernementale résulte de tout ce qui existe dans la nature, dans les sciences et dans l'histoire ; — mais surtout en ce que les pères de famille des classes riches sont tous sortis des classes laborieuses, par eux-mêmes ou par leurs ascendants, et beaucoup d'entre eux y rentrent périodiquement, lorsqu'ils se ruinent par leurs fautes ou par malheur.

Au moyen de l'organisation syndicale, *le nombre* des patrons et ouvriers économes qui se retireront riches ou aisés des affaires, *allant* grossir ainsi la classe supérieure de la société, *sera* de plus en plus grand.

La République professionnelle et la Monarchie patriarcale, ainsi associées, mériteront alors et à tous égards le titre de :

Union officielle des classes sociales.

IV

CONSTATATIONS HISTORIQUES

sur ce sujet.

C'est par des contrats du même genre entre les trois races de l'humanité primitive et entre les classes sociales d'autres peuples que :

1° La période hindoue de l'âge d'or a pu être si longue et si prospère ;

2° La civilisation grecque a pu être fondée par Hercule et continuée par Hellen Bacchus, en donnant trois mille cinq cents années consécutives de paix et de prospérités à toutes les peuplades de l'archipel grec et de la Phénicie ; — pendant le cours desquelles les populations grecques, organisées professionnellement, ont créé les arts, les sciences, l'industrie, le commerce et la littérature modernes, qui nous viennent tous de la Grèce antique par le peuple romain ;

3° La civilisation hébraïque a été fondée par Abraham et Moïse ;

4° La civilisation romaine a trouvé ses bases dans l'organisation des corps d'arts et métiers dont Numa Pompilius l'a dotée ;

5° La France a pu être délivrée de la barbarie du Moyen Age par les communautés professionnelles de saint Louis et Étienne Boileau.

Enfin, notre nation et le reste du monde vont être sauvés bientôt de l'esprit révolutionnaire, spéculateur et exploiteur, inoculé à notre pays par les monstrueux droits de l'homme de 1791.

Ce salut définitif et général aura lieu par l'union des classes sociales, qui accomplira pour toujours le mariage de :

La République professionnelle

Avec :

La Monarchie patriarcale.

Et le mari de ces deux illustres divinités sociales sera, — dans chaque nation :

LE PEUPLE DES TROIS CLASSES.

V

INSTRUCTION

SUR LES

TROIS CLASSES SOCIALES

Quelques personnes peu versées dans la science des lois naturelles, pourront critiquer le mariage du principe républicain avec la Monarchie patriarcale, en disant que cette dernière formerait la souche d'une nouvelle aristocratie ; — je réponds d'avance non, et même mille fois non.

Voici le pourquoi en trois points :

1º L'aristocratie de l'argent n'a nul besoin d'être fondée, car elle existe, chacun le reconnaît et sait qu'elle ne peut être dissoute que par l'abolition du droit de propriété ; mais chacun sait également que l'abolition de ce droit serait la mort, à bref délai, du peuple qui l'aurait laissé décréter.

2º Malgré les droits exorbitants de l'ancienne féodalité, abolis pour toujours dans la nuit du 4 août 1789, le contrat qui l'a liée avec les corps d'arts et métiers a donné six siècles de paix sociale à notre pays.

C'est ce résultat qu'il s'agit de rétablir beaucoup plus grandiose avec la liberté moderne, par l'union des classes, que je propose à mes contemporains depuis treize ans.

3º Dans le mariage moderne des classes, celle supérieure sera toujours ouverte aux citoyens économes des deux autres.

De même, les classes laborieuses auront toujours les bras ouverts aux spéculateurs malheureux de la classe riche; — du reste, il n'y aura ni titres ni brevets pour distinguer les membres des divers plans de la société, lesquels ne pourront être reconnus que par leur inscription syndicale et leur profession ostensible.

Il y aura même immensément de citoyens des syndicats des rentiers et des propriétaires, qui se feront également inscrire sur les listes syndicales de l'agriculture, du commerce ou de l'industrie, si bien que, malgré une organisation professionnelle admirablement définie, l'on ne saura jamais au juste où la classe supérieure finira et où les classes laborieuses commenceront réellement.

En définitive :

L'union syndicale des classes de la société est la seule route du progrès ainsi que du bonheur des peuples.

Et cette union serait un fait accompli il y a longtemps, si l'on avait su expliquer depuis des siècles, aux hommes, le sens profond de cette belle parole du Christ :

« **Tout royaume divisé contre lui-même périra.** »

RÉPUBLIQUE ET MONARCHIE

CONCLUSION

PREMIÈRE PARTIE

LES ÉLECTIONS GÉNÉRALES DE 1885

Il me paraît difficile de constituer une meilleure conclusion de la présente étude d'économie sociale, que par une question qui m'a été posée, et par la reproduction de la réponse que j'y ai faite.

Une de mes filles m'écrit d'Angleterre :

« Southend, 18 octobre 1885.

« Cher Père,

« *Aujourd'hui vous devez être en émoi pour les*
« *élections. J'ai entendu dire que les conser-*
« *vateurs allaient gagner et que nous allions avoir*
« *un roi, je n'en serais vraiment pas fâchée ; peut-*
« *être serait-on plus tranquille. Et toi, qu'en dis-*
« *tu?... »*

Ce bruit que les radicaux ont fait adroitement courir est, avec l'absence absolue de programme bien déterminé, la cause fondamentale de l'échec des conservateurs au scrutin du 18 octobre.

Voici ce que j'ai répondu à ma fille au sujet de l'alinéa ci-dessus de sa lettre :

« Paris, 21 octobre 1885.

« Chère enfant,

« Les conservateurs français ont eu la majorité au premier tour de scrutin, parce que les chefs de leurs comités ont beaucoup moins parlé de religion et de politique qu'aux élections précédentes et beaucoup plus de socialisme ; en effet, ils ont publié un peu partout, alors, qu'ils comptaient s'occuper à résoudre les questions économiques, qui intéressent tant les patrons et ouvriers de l'agriculture et de l'industrie.

« Mais les conservateurs ont trouvé Capoue au second tour de scrutin :

« Parce que, au lieu de publier un programme économique des plus explicatifs et affirmatifs, répandu à profusion, puis envoyé au domicile de tous les électeurs français par des porteurs sûrs ; les conservateurs n'ont plus rien fait du tout après le scrutin du 4, si ce n'est que tirailler de-ci et de-là, tout en laissant publier par les cent voix de la renommée qu'ils voulaient ramener la monarchie politicienne.

« Alors, la partie la moins éclairée des populations a eu peur d'un retour pur et simple à l'ancien régime, et les conservateurs ont eu largement la minorité aux élections du 18 octobre.

« En résumé, jamais la lutte des étiquettes n'a été plus vive et plus inféconde.

« Le bruit de la nomination d'un Roi, dont on a

parlé jusque dans le petit bourg que tu habites, a couru également dans toute l'Europe.

« Les chefs conservateurs n'ont pas même eu l'air de s'apercevoir du tort immense que ce bruit, avec explications malveillantes, allait faire à la grande cause nationale ; — et pourtant, chacun pouvait lire sur les affiches radicales à Paris et dans les départements, cet appel aux électeurs :

« **Votez pour la République et contre la Monarchie.** »

« La situation peut donc se résumer ainsi :

« *Questions mal posées, maladresses par honnêteté*
« *mal comprise et continuation des nombreux mal-*
« *entendus qui divisent les classes sociales.*

« Voilà tout le secret du grand échec des conservateurs au scrutin de ballottage du 18 octobre.

« Mais si les comités conservateurs avaient employé les quinze jours qui séparent le 4 octobre du 18, à affirmer la République professionnelle et la Monarchie patriarcale, qui est sa conséquence fatale, leurs candidats auraient passé à Paris et presque partout en province, à une grande majorité.

« Il semble donc impossible d'avoir perdu aussi ingénument la plus belle partie qui se soit jamais jouée sur l'échiquier politique, d'autant mieux que les conservateurs ont tous dans le cœur l'amour du principe de l'association républicaine et monarchique, qui doit exclusivement les amener un jour au pouvoir.

« Oui, la France est entièrement conservatrice, mais à la condition qu'on lui parle de la République professionnelle, qui l'affranchira tout naturellement des pillards de la République politicienne ; puis, qui donnera peu à peu le bien-être à tous les citoyens.

« Cette rédemption populaire amènera de suite la fortune, la puissance et la grandeur de notre nation.

« **Aveugle qui ne voit pas cela !**

« Voilà, ma chère fille, ce que je dis des élections d'octobre 1885.

« *Ton père affectionné.*

« J.-P. Mazaroz. »

DEUXIÈME PARTIE

1.

Je présente cette dernière partie de ma conclusion, comme étant le programme économique qui est logé dans le cœur de tous les conservateurs des trois classes de la société :

Ce programme est composé d'une déclaration que j'ai adressée, il y a quelques mois, aux électeurs de mon département, — comme contenant les premiers efforts pour le relèvement du pays, qu'accompliront les députés des conservateurs français aussitôt qu'ils seront en majorité à la Chambre.

2.

Aux électeurs français.

« Jamais la France n'a eu davantage besoin d'hommes pratiques dans les assemblées délibérantes qu'en ce moment.

« Il ne s'agit pas de lois nouvelles à faire, nous n'en avons ni le temps ni le besoin, il faut simplement mettre loyalement à exécution les meilleures de celles que nous avons, en les dotant de leurs moyens pratiques complémentaires.

« Or, la France ne possède qu'une seule loi sociale, qui est celle sur les syndicats professionnels.

« Voici quelques-uns des grands bienfaits qui peuvent ressortir de suite de la mise en pratique de cette loi des travailleurs, patrons et ouvriers :

« 1º La ruine presque entière aujourd'hui de notre agriculture peut être arrêtée court et changée sous peu en prospérité par l'association syndicale et cantonale des cultivateurs, **les tarifs de vente et de façon** et le crédit à bon marché, que comportent les articles 5 et 6 de la loi sur les Syndicats professionnels.

« 2º Cette même loi facilitera l'extension de toutes les mutualités du travail, et entre autres celle des sociétés générales de consommation dans les grandes villes, lesquelles feront facilement descendre à

deux francs par jour la valeur de la vie matérielle des ménages d'ouvriers, qui monte à 4 fr. 50
aujourd'hui, grâce à de nombreuses sociétés secrètes
de spéculateurs organisées sous la protection de la loi
du 25 juillet 1867.

« Aussitôt ce résultat obtenu, notre exportation
perdue par cette seule cause nous sera rendue ; car,
à prix égaux, les produits de l'industrie française
sont préférés partout.

« 3° L'Association syndicale permettra les
échanges des produits de l'agriculture contre ceux
de l'industrie des villes, échanges qui doubleront
de suite le chiffre des affaires en France.

« Alors, les associations syndicales protégées par
les consulats et le crédit à bon marché, iront, par la
force même des choses, décupler l'échange des produits français contre les matières premières de toute
la surface du globe.

« 4° Le licenciement des armées pourra s'accomplir sans aucun dommage pour les militaires de profession ; car, outre une partie de l'armée qui sera utile
pour la garde de la nation et de ses colonies, la
France aura toujours besoin de cent cinquante mille
officiers et sous-officiers pour être les professeurs de
la jeunesse française, dans des écoles d'application
professionnelles qui n'existent pas encore.

« 5° Enfin, ces professeurs auront, tous les jours,
l'instruction des bataillons scolaires de la France à

faire, tout en formant eux-mêmes les cadres de ces
bataillons ; et cela, pour que la nation puisse être ins-
tantanément et tout entière sur le pied de guerre, —
car : « **Pour être sûr de la paix, il faut toujours
être prêt à la guerre**. »

3.

Politicisme et socialisme.

Les hommes sont bons, nos institutions seules
sont criminelles.

Et la preuve :

C'est qu'il y aurait au moins cinq cents excellents
conservateurs à la Chambre, parmi les députés qui
viennent d'être nommés en octobre 1885, si l'article 13 de la constitution de 1875 était simplement
remplacé par un autre dans un sens absolument
opposé.

Tout le mal vient donc de nos institutions indivi-
dualistes et non point des hommes.

Si nos institutions étaient établies exclusivement
pour la représentation des intérêts communs du pays,
il n'y aurait plus aucune place pour les spéculateurs
du politicisme ; lesquels seraient alors remplacés par
un pouvoir exécutif **stable**, protégeant l'administration des intérêts populaires par le peuple lui-
même, organisé syndicalement.

Seuls, les conservateurs peuvent comprendre ce système social bienfaisant, parce qu'ils ont des intérêts dans la société, lesquels seraient développés par la **stabilité** du pouvoir en même temps que ceux des travailleurs.

Mais si les radicaux organisaient la République professionnelle à la base sociale, elle ne leur serait utile à rien, parce qu'ils n'ont pas plus d'intérêts dans la société qu'ils n'ont le désir de travailler manuellement.

Ce sont les motifs irréfutables, ci-dessus, pour lesquels les radicaux de tous les plans sont et ne peuvent être que les ennemis mortels des classes laborieuses, par la raison que :

Tout dans la vie est intérêt, tout obéit à l'intérêt.

RÉPUBLIQUE ET MONARCHIE

TROISIÈME PARTIE DE LA CONCLUSION

Les Arguments de la Vérité.

Les meilleurs arguments en faveur de l'union des classes, prennent leur base dans l'esprit des paraboles du grand réformateur.

Le paganisme et le judaïsme qui auraient pu s'amender et vivre au moyen du côté pratique des doctrines sociales du Christ, moururent pour n'avoir pas su **relier** les intérêts des classes de leurs sociétés.

Le Christ a plus spécialement visé, par ces paroles, l'union des classes que j'explique dans cette brochure :

« En vérité, en vérité, je vous dis que celui qui n'entre « pas par la porte dans la bergerie des brebis, mais qui « y monte par un autre endroit, est un larron et un vo- « leur (1).

« Je suis la porte ; si quelqu'un entre par moi, il sera « sauvé, il entrera, il sortira et trouvera de la pâture (2).

« Le larron ne vient que pour dérober, pour tuer et « pour détruire ; mais moi, je suis venu afin que mes

---

1. En effet, ceux qui montent au pouvoir par le politicisme, c'est-à-dire au moyen de la bataille des intérêts entre les individus et les classes sociales, ne sont autres que des larrons et des voleurs.

2. La porte du pouvoir est constituée par les classes fortunées de la société ; — aussi, lorsque les classes laborieuses seront d'accord avec celles dirigeantes, tous leurs membres trouveront instruction, protection, liberté et bien-être.

« *brebis aient la vie, et qu'elles l'aient même avec abon*
« *dance* (1).

  « *Je suis le bon berger.*

  « *Mais le mercenaire, celui qui n'est point le berger*
« *et à qui les brebis n'appartiennent pas, voit venir le*
« *loup, et il abandonne les brebis et s'enfuit; et le loup*
« *ravit les brebis et les disperse* (2).

  « *Le mercenaire s'enfuit parce qu'il est mercenaire*
« *et qu'il ne se soucie point des brebis.* »

(Saint Jean, chap. X, versets 1, 8, 9, 10, 11, 12 et 13.)

Les vrais bergers des sociétés qui sont les citoyens
des classes fortunées, seraient bien vite à la tête du
gouvernement, si les conservateurs voulaient s'occuper
énergiquement de l'union des classes sociales, par le
mariage de la Monarchie tempérée avec la République
professionnelle.

Mais les chefs conservateurs se laissent toujours
entraîner par quelques opportunistes de droite, qui les
engagent à ménager la chèvre politique, broutant perpétuellement le chou populaire ; en retardant indéfiniment
ainsi la grande victoire qui attend le parti conservateur.

---

(1) Les politiciens n'ont que la déprédation pour but, tandis que les propriétaires et patrons, pour qui les ouvriers travaillent, ont intérêt à ce que ces
derniers aient le bien-être, afin qu'ils puissent continuer à faire valoir ce que
les propriétaires possèdent.

(2) En tous les temps, les politiciens qui sont les mercenaires du pouvoir
ont abandonné le peuple lorsque les guerres, les crises du travail et les révolutions sont venues affamer encore davantage les classes laborieuses, mais les
propriétaires et les patrons restent à leur poste, parce qu'ils ont des intérêts
à protéger.

JURY DES FAITS

Le général Lafayette voyait bien la République professionnelle associée à la Monarchie tempérée, en 1830, puisqu'il a dit au peuple de Paris en lui présentant Louis-Philippe d'Orléans :

Voilà la meilleure des Républiques.

La justesse de cette promesse de Lafayette est démontrée en ce que, plus tard : C'est au nom de la réforme sociale par l'organisation du travail que les Parisiens ont consenti encore à se battre sur les barricades du 24 février 1848.

Nous avons trois mois de misères au service de la République, dirent alors les ouvriers au gouvernement provisoire ; — preuve qu'ils comptaient sur l'organisation du travail que leur avaient promis les meurtriers qui avaient armé leurs bras.

Mais cette grande réforme populaire a été escamotée par les hommes du radicalisme de 1848, qui ont mis le suffrage universel aveugle en place.

Le peuple avait donc bien en vue la République professionnelle lorsqu'il a fait la Révolution de 1830 ; et il ne répugnait pas à son association avec la Monarchie tempérée, puisqu'il a écouté le conseil de Lafayette.

Ce sont encore les opportunistes de droite qui voulaient, en octobre 1873, mettre le comte de Chambord à la tête d'une nouvelle Monarchie politicienne et révolutionnaire ; mais ce prince honnête a pressenti les émeutes et la guillotine que ce régime fabrique et colporte, et il a intelligemment refusé d'être un nouveau roi de la Révolution.

Si les conservateurs de 1873, qui en avaient alors le pouvoir, avaient décrété l'union des classes sociales, le comte de Chambord aurait accepté la Monarchie tempérée avec la solide garantie de la République professionnelle pour base; et alors, la France dégagée des déprédations du radicalisme serait, à l'heure qu'il est, d'un siècle plus en avant sur la route du progrès économique.

Néanmoins, il faut espérer, car ce sont les chefs des vrais conservateurs de tous les temps que le Christ visait également lorsqu'il a dit :

Ne crains rien, petit troupeau, car il a plu à votre père de vous donner le royaume.

(Saint Luc, chap. XII, verset 32.)

Mais les conservateurs de ce temps-là ont abandonné le Christ pour l'apôtre des gentils.

Quant à aujourd'hui :

Les rares opportunistes du parti de l'ordre disent que :

« *Les conservateurs arriveront au pouvoir après les crimes* « *du radicalisme.* »

Non, parce qu'alors la France sera complètement ruinée, et l'on ne règne pas sur un cadavre.

C'est au contraire dans ce moment-ci où notre nation est encore dans toute sa sève, qu'il faut accomplir le mariage des classes sociales que tout le pays est prêt à acclamer.

6 décembre 1885.

FINALE

A MM. LES CONSERVATEURS FRANÇAIS

Messieurs,

Ainsi que je l'ai rappelé à nos contemporains d'après la loi du Christ, les classes fortunées sont la tête du corps social, tandis que les deux autres classes, dites laborieuses, en sont les membres et l'estomac.

Or, lorsque la tête ne dirige plus le corps, c'est-à-dire lorsque ce dernier obéit exclusivement à ses appétits matériels : (*qui sont les appétits politiciens pour le corps gouvernemental*), alors sa santé ne tarde pas à se compromettre pour son propre malheur ainsi que pour celui de sa tête, laquelle souffre des transports au cerveau que lui envoient les congestions internes, occasionnées par le mauvais état des relations de son estomac avec les autres membres de son corps.

Il en est exactement de même dans un État, lorsque les deux classes du travail et du négoce n'ont pas leurs intérêts producteurs unis avec ceux de la classe élevée ; et cela, au moyen d'un contrat semblable, en esprit, à celui qui relie les intérêts de la tête avec ceux de l'estomac et des membres du corps humain. — Pythagore a dit à ce sujet :

Souviens-toi que la nature, semblable en toute chose, est la même en tous lieux.

(Vers dorés.)

Les trois grandes classes des sociétés ont de tout temps été symbolisées par les trois faces d'un triangle, que le catholicisme nous a conservé sous le nom très explicatif de « La Providence ».

Lorsqu'elles sont unies par leurs intérêts, les trois classe des sociétés forment la providence des peuples, car cette union comporte l'organisation mutuelle, qui garantira à chacun la jouissance intégrale de la part de propriété que la nature lui a donnée par le travail, le talent ou l'héritage.

C'est là le droit divin de la loi du grand réformateur.

Mais pour que les classes élevées arrivent au pouvoir, il faut que celles laborieuses aient quelque chose à conserver par l'organisation du travail et des intérêts.

Avant ce temps-là, les proclamations actuelles du parti de l'ordre seront toujours de l'hébreu pour la masse des populations.

Par ces motifs :

Lorsque je vois les chefs conservateurs solliciter les voix des ouvriers pour les élections législatives ou municipales, sans leur offrir de devenir à leur tour conservateurs par le travail organisé, seul moyen pratique de leur émancipation, je suis navré de l'aveuglement dans lequel nous maintient le politicisme sur l'intelligence du prochain.

Et pourtant, les chefs conservateurs ont les magistrales leçons suivantes de l'histoire devant eux, savoir :

1° Après sept siècles de luttes, le moyen âge ne pouvait toujours pas sortir de l'état de barbarie que lui avait légué la chute du monde romain; mais Louis IX arrive, il réorganise simplement les corps d'arts et métiers, et la France entre pour ainsi dire de suite dans son ère d'affranchissement, qui la met en quelques siècles à la tête de la civilisation humaine.

2° Tous les rois de France respectèrent l'œuvre sociale

de saint Louis; aussi, leur puissance n'a jamais pu être sérieusement ébranlée.

3° Mais Louis XVI, trompé par l'école physiocratique, arrive à ne plus se contenter de la puissance de Henri IV et de Louis XIV, — Turgot lui fait rêver la domination politicienne et spéculatrice sur les populations; — alors, pensant follement rétablir ses finances par l'exploitation gouvernementale, ce Roi détruisit les corps d'arts et métiers avec l'édit du 12 mars 1776: et cela, malgré les sages et intelligentes observations d'Antoine-Louis-Séguier, avocat du roi au Parlement (1).

Cet attentat désorganisa de suite les administrations de l'État et prépara la grande révolution, laquelle fit tomber la tête de Louis XVI, exactement pour le même motif que les politiciens anglais, créés par l'anéantissement des corps de métiers des royaumes unis (*accompli par Jacques 1er en 1621 et 1623*) firent tomber celle de Charles 1er, fils de cet autre Roi aveuglé.

En fait, l'anéantissement des corps d'arts et métiers de 1776 est l'acte révolutionnaire le plus important qui se soit accompli depuis la chute de l'Empire romain.

Comme rien ne marchait plus, le roi Louis XVI rétablit d'une façon bâtarde, six mois après, les corporations de saint Louis; mais, en 1791, les politiciens du tiers état réussirent encore à faire voter, à l'unanimité, l'anéantissement définitif des corps d'arts et métiers par les députés de la noblesse et du clergé : si bien qu'à leur tour, les conservateurs d'alors ne se contentant plus de leurs fortunes et

1. Voir l'important discours d'A.-L.-Séguier, devant le lit de justice royal du 12 mars 1776, pages 323 à 336 inclus, de l'*Histoire des corporations* de J.-P. Mazaroz, deuxième édition (1878).

situations, qui étaient pourtant fort belles, voulurent aussi se doter de l'autorité politicienne et spéculatrice sur les pepulations ; après cette grande faute, privés de leurs liens et soutiens populaires, les membres de la noblesse et du clergé français purent être facilement dépouillés de leurs biens de 1792 à 1794 ; — c'est-à-dire qu'ils furent obligés d'émigrer, pour la plupart, et beaucoup d'entre ceux qui n'abandonnèrent pas leurs foyers allèrent porter leurs têtes sur l'échafaud.

« Les mêmes causes produisent fatalement en tout et partout les mêmes effets. »

Ces immenses malheurs n'ont pas encore ouvert les yeux à certains chefs du parti conservateur que le principe du politicisme judaïque qui nous gouverne, aveugle toujours ; et pourtant, toutes les déprédations et crimes de la Révolution ainsi que les révolutions elles-mêmes, ne sont possibles que dans un état politique et en *l'absence* d'une solide organisation du travail et des intérêts.

5° Les guerres et révolutions de 1815, 1830, 1848, 1870, 1871 et 1875 n'ont donc pu avoir lieu qu'au moyen de l'état socia politicien et révolutionnaire, maintenu quand même par les chefs conservateurs, grâce à la plus déplorable des erreurs.

Ainsi que je pense l'avoir suffisamment démontré dans cet ouvrage, les ouvriers français attendent l'organisation syndicale comme le messie ; — de plus, les conservateurs ont seuls la mission, le devoir et le pouvoir de la leur offrir et aussi de la leur donner.

J'ai toujours publié cette solution comme étant exclusivement capable de résoudre la question sociale, et je la propose depuis six moi aux chefs du parti conservateur.

Voici une des lettres de sympathique adhésion que j'ai reçue à ce sujet :

COMITÉ CONSERVATEUR   Paris, *le 22 novembre* 1885.
DU

DÉPARTEMENT DE LA SEINE

PARIS

10, RUE DES PYRAMIDES, 10

« Monsieur,

« Notre comité a reçu avec plaisir l'envoi de votre brochure, « *République et Monarchie*, et m'a chargé de vous en remercier tout « particulièrement. Plusieurs de nos collègues qui suivent comme « moi, depuis longtemps, vos travaux si utiles et si courageux, ont « lu cette brochure avec le plus grand intérêt. — Je crois avec eux « qu'il serait à souhaiter qu'il y eût beaucoup de personnes comme « vous pour travailler à faire comprendre à la fois aux ouvriers leurs « intérêts, et à ceux qui s'occupent de politique, leurs devoirs. Et je « puis vous assurer que vous trouverez toujours chez les conserva- « teurs des hommes disposés à accueillir vos idées avec toute la « faveur qu'elles méritent.

« Vous vous êtes donné une tâche patriotique et vous l'accomplissez « d'une façon qui vous honore.

« Veuillez, Monsieur, agréer l'assurance de mes sentiments très « distingués.

« *Signé :* A. DEVILLE,
« Secrétaire général adjoint.

Cette lettre est celle d'un citoyen aussi intelligent qu'honnête, elle n'a qu'un seul tort, qui est de contenir encore le mot empoisonneur de **politique**.

En tous les cas : l'on voit que les chefs conservateurs sont de mon avis; néanmoins, aucun acte viril n'ayant encore eu lieu et croyant qu'il y a urgence d'agir dans le sens économique, j'ai pris la liberté d'écrire, dernièrement, la lettre suivante au comité conservateur de Paris en la personne de son Président, en lui adressant en même temps un projet de programme dans l'esprit populaire, projet que l'on pourra lire à la suite :

« Paris, 13 décembre 1885.

« Monsieur.

« Un nombre de plus en plus grand de familles des classes diri-
« geantes désespèrent de l'avenir devant l'impuissance momentanée
« du parti de l'ordre, en disant :

« Les conservateurs ont eu le pouvoir politique de 1871 à 1875; qu'en
« ont-ils fait ?

« Les conservateurs sont encore revenus au pouvoir du 16 mai au
« mois de décembre 1877; en quoi cela a-t-il servi notre cause ?

« Leur succès du 4 octobre 1885 n'a également abouti à rien, qu'à
« préparer le grand échec du 18 du même mois.

« Ces raisonnements, qui courent les rues, démontrent que le public
« n'a pas encore compris que : — Les échecs successifs des conser-
« vateurs viennent de ce que leurs chefs persistent à faire simplement
« de la politique blanche, et qu'ils remettent indéfiniment de prendre
« l'organisation du travail des intérêts pour base pratique.

« Bref, le parti conservateur a besoin d'un succès électoral, à
« Paris.

« J'ai présenté l'élément certain de ce succès au comité par ma
« brochure « *République et Monarchie*, qui n'est pas encore lancée
« dans le public; puis, ayant reçu un grand nombre d'adhésions et
« d'encouragements, j'ai présenté à Monsieur Choppin, votre secré-
« taire général, **un court programme** propre à faire élire à une
« grande majorité, le 13 décembre 1885, à Paris, les six excellents
« candidats de notre parti.

« J'ai dit entre autres à Monsieur Choppin et j'ai l'honneur de vous
« répéter que : — Si le programme que je propose respectueusement
« est publié, suivi intelligemment jour par jour et soutenu envers et
« contre tous dans son esprit et sa vérité, non seulement nos six
« candidats passeront, mais la Monarchie tempérée unie à la Républi-
« que professionnelle sera demandée et acclamée par le peuple fran-
« çais tout entier, d'ici au mois de mai prochain.

« Monsieur Choppin m'a répondu que nous étions d'accord sur
« beaucoup de points, que mon court programme était bien celui que
« désirait suivre le comité, mais qu'il ne pouvait pas savoir si ce serait
« celui adopté pour les élections du 13 décembre 1885, etc., etc.

« Je viens donc à vous de confiance, Monsieur, pour vous répéter
« que le succès électoral des conservateurs est assuré, s'ils veulent
« faire le nécessaire pour le scrutin de ballottage du 27 décembre 1885.

« La chose en vaut la peine, car l'enjeu est le salut de la France.

« A cet effet, je prends la liberté de vous remettre, ci-inclus, le
« double **du programme** dont je vous parle comme étant le seul
« capable de conduire le parti conservateur à la plus grande des
« victoires électorales possibles.

« Je vous prie de vouloir bien me donner une audience par le por-
« teur de la présente, afin de pouvoir vous soumettre des explications
« complémentaires.

« Veuillez agréer, Monsieur, mes hommages respectueux.

Signé : J.-P. MAZAROZ.

A Monsieur le Président du Comité conservateur à Paris.

Voici la copie du projet de programme électoral dont il
est parlé dans la lettre ci-dessus :

UNION DES CLASSES SOCIALES

Opposition conservatrice du département de la Seine

SCRUTIN DE BALLOTTAGE

Du 27 Décembre 1885

« *Messieurs les Electeurs,*

« *Depuis la Constitution de 1875, les radicaux repro-*
« *chent aux conservateurs de vouloir rétablir les anciennes*
« *corporations professionnelles.*

« *Mais ce que nos adversaires ne disent pas, c'est que* « *les conservateurs ont toujours voulu rétablir* **syndi-** « **calement** *les corps de métiers ; — c'est-à-dire dans* « *l'esprit du progrès et des coutumes du* XIXe *siècle.*

« *Bref, les conservateurs veulent rétablir la* **Répu-** « **blique professionnelle** *pour régler les relations* « *d'intérêts des trente-huit millions de Français ; — et* « *cela au lieu et place de la République actuelle, qui ne* « *fonctionne qu'au profit d'une petite quantité de politi-* « *ciens de profession.*

« *La République politique est donc considérée comme* « *étant la fausse démocratie par les conservateurs, tandis* « *que celle professionnelle qu'ils veulent fonder pour* « *sauver la France, est envisagée par eux comme étant* « *le règne de tous par tous.*

« *Oui, les conservateurs veulent l'organisation officielle* « *et immédiate des syndicats professionnels, parce que* « *cette organisation relèvera de suite le travail national* « *par l'abaissement du prix de la vie matérielle des* « *ouvriers, tout en garantissant la sécurité du lendemain* « *aux travailleurs.* »

En effet, **la République professionnelle** *donnera le bien-être général aux patrons et ouvriers par le travail et les intérêts organisés ; — puis,* **un pouvoir exécutif stable** *qui constituera la garantie des conservateurs, en opérant ainsi* **l'union** *définitive* **des intérêts** *des classes de la société.*

Électeurs,

Vous avez le salut de la Nation entre les mains par le

*programme ci-dessus, dont vous pouvez imposer la mise à
exécution à vos gouvernants, en nommant les candidats
soussignés au scrutin du 27 décembre prochain.*

Votez donc tous pour Messieurs : Edouard **Hervé**, **Calla**,
Denys **Cochin**, Ferdinand **Duval**, général **du Barail**,
Vacherot.

———

Les chefs conservateurs n'ont encore rien fait dans le sens
social, ni le 13 ni le 27 décembre ; — aussi, sous l'influence
de leur persistante politique, leurs candidats ne gagnent
pas une voix ouvrière et perdent même des leurs, en fati-
guant leurs adhérents par des insuccès répétés.

Et pourtant :

Ce court programme que je propose constitue le contrat
du mariage de la République professionnelle avec la Monarchie patriarcale ; il aurait fait nommer les six conservateurs
le 27 décembre s'il eût été loyalement publié et énergiquement soutenu ; — de plus, ce programme contient la voie
sociale dans l'esprit des lois de la nature, c'est-à-dire la seule
qui soit capable de sauver la France.

Malheur, quelques-uns de nos chefs espèrent toujours dans
le politicisme monarchique qui a tué Louis XVI, en ruinant
et bousculant tout ou partie des pouvoirs conservateurs à
chacune des révolutions du xixe siècle.

Cela a l'air de dire que les chefs des victimes des révolutions veulent, aussi, protéger les pillards du pays par la politique blanche ; mais ils annoncent clairement partout que
leur genre de politicisme sera beaucoup moins dépréda-
teur que celui des radicaux bleus et rouges.

Cela est-il suffisant ?

Non, car ces déclarations portent dans le vide, elles ne

seront jamais adoptées par les populations laborieuses dont elles ne favorisent pas plus les intérêts que l'exploitation radicale ; — pour ce motif, l'esprit de conduite actuel représente la seule cause du manque d'adresse proverbial de certains chefs conservateurs.

Lorsque l'on n'est pas dans le vrai, l'on est toujours mal inspiré.

En un mot, depuis cent ans et plus, c'est-à-dire depuis l'adoption du politicisme physiocratique par Louis XVI, la vie politique des chefs du parti de l'ordre n'est formée que de défaites et la vie courante de la masse des conservateurs, que de ruines.

Eh bien, malgré cette immense leçon de l'expérience, nos chefs suivent toujours ce mot de raliement qu'ils semblent s'être donné depuis 1776, savoir :

« Périsse la Monarchie nationale plutôt que de ne pas être politicienne, mais surtout révolutionnaire. »

Messieurs les conservateurs français :

Comme le politicisme et la Révolution n'agissent toujours que contre vos intérêts moraux et matériels, et partant contre ceux de la nation dont vous êtes le cep de la vigne, selon la belle similitude du Christ, c'est à vous d'éclairer vos chefs en leur montrant la décadence sociale, œuvre du métier politique, ainsi que la rénovation nationale promise par l'union des classes de la société.

Et vous serez écoutés, parce que nos chefs se trompent de bonne foi et qu'en somme vous êtes les maîtres.

Veuillez agréer, Messieurs, l'expression de mes hommages respectueux.

J.-P. MAZAROZ.

LE DRAPEAU CONSERVATEUR

POST-SCRIPTUM. — J'ai connu le général Changarnier par le marquis de Latour du Pin de Fontaine-Française, notre ami commun, et il partageait mon antipathie pour la politique, qu'il appelait **la gueuse Révolutionnaire**, de même qu'il appelait avec raison la République politicienne qui nous gouverne, **la gueuse Gouvernementale**.

En effet, la République politique est prostituée en ce que : Elle est tour à tour dans les mains de quelques politiciens bleus ou rouges, qui exploitent 38 millions de Français.

Cette situation est absolument contraire aux intérêts des membres de toutes les classes de la société ; les populations laborieuses ne l'acceptent que pour le mot **République**, qui leur promet celle professionnelle.

Si bien qu'en acceptant **la gueuse Révolutionnaire** et en voulant arriver au pouvoir par elle, les chefs du parti de l'ordre en reconnaissent implicitement la légalité pour les autres, ce qui justifie toutes les calomnies dont les radicaux émaillent leurs journaux contre les conservateurs.

Bien au contraire, en repoussant la politique et en n'admettant que le Socialisme professionnel marié avec la Monarchie patriarcale, les conservateurs enlèveraient la possibilité du pouvoir à tous les politiciens, qui règnent partout sur les intérêts de la société sans en posséder aucun eux-mêmes, lorsqu'ils arrivent au gouvernement.

Le drapeau conservateur doit donc être le **retro Satanas**, contenu dans la similitude de la Bergerie des sociétés, reproduite plus haut, et qui commence ainsi :

« *Je vous dis que celui qui n'entre pas par la porte*
« *dans la bergerie des brebis et qui y monte par un autre*
« *endroit,* **est un larron et un voleur** ».

En agissant autrement, c'est-à-dire en admettant la légalité de **la gueuse**, les conservateurs font, sans le vouloir et depuis plus de cent ans, la courte échelle aux radicaux et au radicalisme de tous les plans; et cela, lorsqu'il leur serait si facile de faire abandonner les politiciens par tous les ouvriers français.

EN RÉSUMÉ

Un gouvernement Républicain rouge, Républicain modéré ou Monarchique, constituent l'un et l'autre la bataille des partis, dont le victorieux est au pouvoir et les deux autres en servitude; et cela, lorsque la société est basée sur la politique.

Ceci est l'état permanent de la guerre sociale :

Tandis que la classe fortunée des sociétés, **accordant** la République professionnelle aux deux grandes classes laborieuses, à la condition unique que ces dernières lui **consentent** le pouvoir exécuti monarchiqne, seule garantie possible de la classe conservatrice; — ce contrat **représente** l'union des intérêts privés, communs et généraux de tous les citoyens.

C'est là les conditions indispensables de l'état final de la paix sociale, et partant du bien-être de tous.

Définitivement :

Aucun des gouvernements modernes n'a pu arriver au pouvoir par la popularité, sans promettre la République professionnelle ou quelque chose d'approchant ; exemples :

1º Le gouvernement de Juillet ne s'est constitué qu'après avoir promis au peuple d'être la meilleure des Républiques.

2º Le gouvernement provisoire de 1848 n'est arrivé au pouvoir qu'en promettant l'organisation du travail.

3º Napoléon III n'a pu devenir l'enfant gâté du suffrage universel qu'après avoir passé sa vie à publier des solutions économiques, que le peuple français a crues faites à son profit.

Le parti conservateur ne sera donc jamais écouté du peuple qu'en opérant de même; — mais ses promesses, à **lui**, seront exécutées à la lettre parce que : — Ce sera alors une classe sociale qui s'engagera, et non un ou quelques hommes.

Paris, 1er janvier 1886.

Imp. de la Soc. de Typ. - Noizette, 8, r. Campagne-Première. Paris.

PRINCIPAUX OUVRAGES

DE J.-P. MAZAROZ

Étude sur l'ouvrier des villes. 1862........................ 2 fr.

Histoire des corporations françaises d'arts et métiers. Dentu, 1873.......................... 6 fr.

Histoire de la corporation des orfèvres français. Dentu, 1875.. 3 fr.

Les Chaînes de l'esclavage moderne. Chaix, libraire-éditeur, 1875. 6 fr.

Bilan financier de la France, avec portrait, d°............. 6 fr.

Actes de société de la famille professionnelle. Chez l'auteur.... 6 fr.

Franc-maçonnerie, religion sociale, avec portrait............ 6 fr.

L'Esprit de la construction universelle. Chez l'auteur........ 6 fr.

Les Cabales de la politique et des politiciens, avec portrait.... 6 fr.

Moyens pratiques pour enrichir la France et les Français. Chez l'auteur........................ 3 fr.

Conférence de Droit social, avec portrait................ 3 fr.

Suite des grèves de 1880..................... 2 fr.

Le Décalogue de l'individualisme, 3 brochures............. 4 fr.

Les Banques syndicales, 3 éditions chacune.............. 2 fr.

Le Socialisme maçonnique .... 3 fr.

Les Sept lumières et le Suffrage universel syndical.......... 3 fr.

La Grève du faubourg St-Antoine. 1882............... 3 fr.

Les Lois de la nature expliquées au moyen de la TRINITÉ INDIVIDUELLE.. .... 2 fr.

Union syndicale (Avant-Projet)................... 1 fr.

Imp. de la Soc. de Typ. - NOIZETTE, 8, r. Campagne-Première. Paris.

9 782014 057744